I0538473

BESTACTIVITYBOOKS.COM

EERSTE EDITIE - Gepubliceerd in 2022

Extra grafisch materiaal van: www.freepik.com
Dank aan: Alekksall, Starline, Pch.vector, Rawpixel.com, Vectorpocket, Dgim-studio, Upklyak, Macrovector, Stockgiu, Pikisuperstar & Freepik.com Designers

5 TIPS OM TE BEGINNEN!

1) HOE OP TE LOSSEN

De Puzzels zijn in een Klassiek Formaat:

- Woorden worden verborgen zonder pauzes (geen spaties, streepjes, ...)
- Oriëntatie: Voorwaarts & Achterwaarts, Boven & Beneden of in Diagonaal (kan in beide richtingen)
- Woorden kunnen elkaar overlappen of kruisen

2) ACTIEF LEREN

Naast elk woord is een spatie voorzien om de vertaling te noteren. Om actief te leren vindt u een **WOORDENBOEK** aan het einde van deze editie om uw kennis te controleren en uit te breiden. U kunt elke vertaling opzoeken en opschrijven, de woorden in de puzzel vinden en ze vervolgens aan uw woordenschat toevoegen!

3) TAG JE WOORDEN

Hebt u al geprobeerd een labelsysteem te gebruiken? U zou bijvoorbeeld de woorden die moeilijk te vinden waren kunnen markeren met een kruis, de woorden die u leuk vond met een ster, nieuwe woorden met een driehoek, zeldzame woorden met een ruit enzovoort...

4) ORGANISEER UW LEREN

Wij bieden ook een handig **NOTITIEBOEKJE** aan het eind van deze uitgave. Of u nu op vakantie, op reis of thuis bent, u kunt uw nieuwe kennis gemakkelijk ordenen zonder dat u een tweede notitieboek nodig hebt!

5) AFGESLOTEN?

Ga naar de bonussectie: **FINAAL UITDAGING** om een gratis spel te vinden dat aan het einde van deze editie wordt aangeboden!

Wil je meer leuke en leerzame activiteiten? Het is Snel en Eenvoudig!
Een hele collectie spelboeken slechts één klik verwijderd!

Vind uw volgende uitdaging bij:

BestActivityBooks.com/MijnVolgendeBoek

Klaar... Start!

Wist u dat er zo'n 7000 verschillende talen in de wereld zijn? Woorden zijn kostbaar.

We houden van talen en hebben hard gewerkt om de boeken van de hoogste kwaliteit voor u te maken. Onze ingrediënten?

Een selectie van onmisbare leerthema's, drie grote plakken plezier, dan voegen we er een lepel moeilijke woorden en een snuifje zeldzame woorden aan toe. We serveren ze met zorg en een maximum aan verrukking, zodat je de beste woordspelletjes kunt oplossen en veel plezier beleeft aan het leren!

Uw feedback is essentieel. U kunt een actieve bijdrage leveren aan het succes van dit boek door een recensie achter te laten. Vertel ons wat u het meest beviel in deze editie!

Hier is een korte link die u naar uw bestelpagina brengt:

BestBooksActivity.com/Recensies50

Bedankt voor uw hulp en veel plezier met het spel!

Linguas Classics

1 - Metingen

А	К	Р	К	Ъ	О	Е	Л	Л	И	Б	Ю	Ш	Б	У
Е	И	С	А	И	К	Д	М	Н	И	С	Ц	В	А	Н
Д	Л	И	Н	А	Л	И	Б	И	Ч	Я	Б	Ш	Й	Ц
Т	Ф	Т	И	Т	Ф	О	Л	Щ	Р	Д	Ю	Б	Т	И
К	Ю	Ь	Б	Н	Ю	Ь	Г	О	М	Р	Т	И	Л	Я
Ч	Щ	Н	У	И	В	В	Ъ	Р	М	Т	Ч	Щ	О	Л
Ж	К	Ж	Л	П	Н	Ы	Ж	Ш	А	Е	Т	Я	Ь	П
И	Д	Ы	Г	Р	Я	С	Е	В	Р	М	Т	Х	М	А
Ш	И	Р	И	Н	А	О	П	П	Г	П	М	Р	А	Е
К	О	П	П	Ж	Ш	Т	Ь	Н	Я	Х	Х	Ч	С	В
Т	О	Н	Н	А	К	А	Т	У	Н	И	М	Р	С	Т
С	А	Н	Т	И	М	Е	Т	Р	К	Н	Е	Й	А	Ь
Д	Е	С	Я	Т	И	Ч	Н	Ы	Й	Р	Ъ	Н	Ю	У
Ж	А	Л	С	П	Л	Ч	А	Г	Ц	Ч	Б	Т	Г	Д
Е	И	Ф	Ъ	Д	Ю	Ч	Я	Б	В	Л	О	Ю	Н	Р

ШИРИНА
БАЙТ
САНТИМЕТР
ДЕСЯТИЧНЫЙ
ГЛУБИНА
ВЕС
ГРАММ
ВЫСОТА
ДЮЙМ
КИЛОГРАММ
КИЛОМЕТР
ДЛИНА
ЛИТР
МАССА
МЕТР
МИНУТА
УНЦИЯ
ПИНТА
ТОННА
ОБЪЕМ

2 - Opwarming van de Aarde

П	Ы	Э	К	О	Л	О	Г	И	Ч	Е	С	К	И	Й
П	Р	М	Е	Ж	Д	У	Н	А	Р	О	Д	Н	Ы	Й
О	У	А	У	Ч	Е	Н	Ы	Й	Е	Ы	Н	Н	А	Д
П	Т	Ж	В	Л	М	Б	С	А	П	Х	Ъ	К	Р	Р
У	А	Х	Я	И	Н	Е	Н	Е	М	З	И	Ч	К	А
Л	Р	И	И	Ю	Т	Б	С	Ь	Ж	А	Ш	Л	Т	З
Я	Е	Ш	В	Р	Б	Е	У	Е	Р	Г	Ы	У	И	В
Ц	П	М	Т	С	Е	Щ	Л	Д	Й	Ъ	Ы	Л	Ч	И
И	М	К	С	А	Ж	Д	Ж	Ь	У	Ч	Е	Ы	Е	Т
И	Е	С	Д	О	Г	Ж	Я	Ъ	С	Щ	А	П	С	И
Д	Т	С	Е	К	Л	И	М	А	Т	Т	Е	С	К	Е
Д	А	О	Л	К	Р	И	З	И	С	Д	В	Е	И	Щ
Ц	М	Ч	С	В	Н	И	М	А	Н	И	Е	О	Й	О
Ц	Б	С	О	Э	Н	Е	Р	Г	И	Я	Д	И	И	Ж
М	Л	И	П	П	О	К	О	Л	Е	Н	И	Я	П	Б

ВНИМАНИЕ
АРКТИЧЕСКИЙ
КРИЗИС
ЭНЕРГИЯ
ГАЗ
ДАННЫЕ
ПОКОЛЕНИЯ
ПОСЛЕДСТВИЯ
МЕЖДУНАРОДНЫЙ
КЛИМАТ
ЭКОЛОГИЧЕСКИЙ
СЕЙЧАС
РАЗВИТИЕ
ПОПУЛЯЦИИ
ПРАВИТЕЛЬСТВО
ТЕМПЕРАТУРЫ
БУДУЩЕЕ
ИЗМЕНЕНИЯ
УЧЕНЫЙ

3 - Keuken

Ж	Р	Х	Т	Х	Ш	Г	Ч	Ь	Ъ	Л	В	Ж	Ч	Ф
Б	Д	П	В	А	Я	Р	Ь	У	В	И	М	Ц	Р	У
А	Ь	И	Ж	О	Н	И	И	К	Ш	А	Ч	Ы	Б	Ь
Р	Ч	И	Н	Ь	Ж	Л	К	К	О	Г	У	Б	К	А
Р	Е	Ц	Е	П	Т	Ь	Л	У	Х	В	Б	С	У	К
И	П	Е	Я	Я	Н	Х	И	В	О	А	Ш	А	Т	Н
И	Ы	П	А	Л	Г	В	В	Ш	Л	Ы	Д	Л	Р	А
Ч	У	С	Ю	Г	К	Е	Ч	И	О	М	У	Ф	А	Б
Н	А	Ь	Т	Ш	М	Р	Г	Н	Д	С	В	Е	Ф	Б
Ф	М	Й	Щ	Ч	А	Ш	А	Ы	И	И	Ч	Т	П	О
Н	Ж	Ч	Н	И	Е	Я	Ч	Ы	Л	Л	Ю	К	С	Е
Ю	Л	Ю	О	И	Ш	Ф	Ю	Я	Ь	Я	О	А	Т	Ю
Л	Н	А	Ж	Ф	К	Н	Я	Л	Н	Г	Ц	Ж	Щ	Ж
М	О	Р	О	З	И	Л	К	А	И	В	Ц	Ч	К	Ж
Т	Е	Д	А	Д	Ф	Х	Б	Л	К	Н	У	А	Ю	И

ЧАШКИ
ГРИЛЬ
ЧАЙНИК
ХОЛОДИЛЬНИК
ЧАША
КУВШИН
ЛОЖКИ
НОЖИ
ПЕЧЬ
КОВШ
БАНКА
РЕЦЕПТ
ФАРТУК
САЛФЕТКА
СПЕЦИИ
ГУБКА
ЕДА
ВИЛКИ
МОРОЗИЛКА

4 - Boten

Х	В	Г	Н	Б	Ы	П	К	О	Д	Б	К	П	Я	У
М	О	Р	С	К	О	Й	Л	Ы	Щ	О	А	Р	К	И
О	Р	Р	Г	Д	С	Д	Г	О	Ф	Б	Я	И	О	У
К	Е	Е	Р	О	М	Г	И	Ь	Т	У	К	Л	Р	Ш
Х	З	К	П	И	В	Ч	Г	Т	Д	Й	Д	И	Ь	Ц
Ф	О	А	Щ	Ж	И	У	К	Д	О	К	В	В	Р	Б
М	А	Ч	Т	А	Щ	М	Я	Т	Е	Д	И	В	Я	Щ
Р	Ц	О	Р	П	М	Ю	Р	Х	Щ	Л	Г	О	Х	Н
И	Ы	А	Ы	И	Н	Я	О	Ш	Т	Н	А	Л	Г	Л
И	Ш	Б	Е	К	Ф	С	М	Ю	Н	А	Т	Н	Ж	Щ
К	М	Л	П	Э	К	А	Н	О	Э	Е	Е	Ы	Ы	Ж
Ф	Ф	П	К	А	Я	Ь	Е	И	Я	К	Л	У	Д	Л
Е	Д	Ш	С	И	Р	Ы	Ч	В	О	О	Ь	Ю	А	И
О	Г	Ш	Т	Ь	И	О	В	Е	Р	Е	В	К	А	Ф
О	Ъ	В	У	М	В	М	М	П	Щ	М	О	Ц	К	Ф

ЯКОРЬ
ЭКИПАЖ
БУЙ
ДОК
ВОЛНЫ
ЯХТА
КАЯК
КАНОЭ
МАЧТА
МОРЯК
ОЗЕРО
ДВИГАТЕЛЬ
МОРСКОЙ
ОКЕАН
РЕКА
ПРИЛИВ
ВЕРЕВКА
ПАРОМ
ПЛОТ
МОРЕ

5 - Chocolade

С	У	К	В	Н	О	Ю	Б	О	Г	С	Ж	Л	К	Ч
А	М	Ш	А	Ш	В	Ъ	Ш	П	О	Ш	В	Ю	А	Ш
М	Р	Б	И	Р	Р	Д	С	Ф	Р	Д	Г	Б	Л	Ш
П	Ф	А	Л	Щ	А	М	Ж	Л	Ь	Й	Ю	И	О	Ш
Е	Ь	К	Х	Ь	Х	М	Д	Щ	К	И	Я	М	Р	Г
Н	Щ	Ц	В	И	А	Т	Е	Х	И	К	Р	Ы	И	Т
В	Ъ	А	Н	Щ	С	Я	Б	Л	Й	С	О	Й	И	Й
С	Л	А	Д	К	И	Й	Х	Ц	Ь	Е	П	К	Д	Ы
И	Н	Г	Р	Е	Д	И	Е	Н	Т	Ч	К	П	О	Н
Ь	У	К	Ф	Ж	Х	Ш	Б	Г	А	И	О	О	М	С
Ь	Ы	Г	Ю	Ж	Б	Е	Ю	Д	М	Т	Н	Р	С	У
Р	Е	Ц	Е	П	Т	Я	Ы	Ж	О	О	Ф	О	Ш	К
Ф	Б	Ш	У	Ъ	Р	Р	Ы	Б	Р	З	Е	Ш	Щ	В
Ч	У	Ч	Я	К	А	К	А	О	А	К	Т	О	У	Ю
К	А	Ч	Е	С	Т	В	О	П	Т	Э	Ы	К	Е	У

АРОМАТ
ГОРЬКИЙ
КАКАО
КАЛОРИИ
ЭКЗОТИЧЕСКИЙ
ЛЮБИМЫЙ
ВКУСНЫЙ
ИНГРЕДИЕНТ
КАРАМЕЛЬ
КОКОС
КАЧЕСТВО
АРАХИС
ПОРОШОК
РЕЦЕПТ
ВКУС
КОНФЕТЫ
САХАР
СЛАДКИЙ

6 - Gezondheid en Welzijn #2

Ы	Ы	Я	К	М	Н	А	К	С	Ь	Я	Ц	Ь	С	Г
Д	Ж	Г	Щ	Б	Щ	Н	Р	О	Т	И	Ч	Ф	Ю	Е
Л	С	Ж	У	К	К	Е	О	Н	Л	Р	Ю	Ъ	Б	Н
В	У	О	Ж	Ч	С	И	В	Т	Ж	О	Е	Ю	М	Е
М	И	Ч	Б	Ц	Б	Г	Ь	Е	А	Л	И	С	Ч	Т
А	Н	А	Т	О	М	И	Я	Л	С	А	Н	Ь	С	И
В	О	П	Ю	Д	В	Г	Г	О	С	К	Е	Ц	С	К
Я	И	Г	Р	Е	Н	Э	Ж	М	А	Д	Р	Д	Ъ	А
Б	О	Л	Ь	Н	И	Ц	А	Д	М	Б	А	Н	Б	М
Е	Н	Т	Х	В	М	Н	А	Г	Г	С	В	Б	О	Я
И	Л	Ц	Ю	Р	Д	Е	А	Б	Д	С	Е	В	А	Я
Ю	Ч	М	П	П	Н	И	И	Т	Ю	С	Щ	В	Е	С
В	И	Т	А	М	И	Н	Е	Ф	И	Ъ	И	Р	А	У
А	Л	Л	Е	Р	Г	И	Я	Т	Ц	П	П	А	Ь	Ъ
И	Н	Ф	Е	К	Ц	И	Я	С	А	В	Р	О	Ы	Ч

АЛЛЕРГИЯ
АНАТОМИЯ
КРОВЬ
КАЛОРИЯ
ДИЕТА
ЭНЕРГИЯ
ГЕНЕТИКА
ВЕС
ГИГИЕНА
ИНФЕКЦИЯ
СИЛА
ТЕЛО
МАССАЖ
ПИЩЕВАРЕНИЕ
СТРЕСС
ВИТАМИН
ПИТАНИЕ
БОЛЬНИЦА

7 - Tijd

Д	Ц	В	Ц	Я	С	Е	М	Ю	Щ	Ф	Г	К	Д	Ч
Ь	Р	А	Д	Н	Е	Л	А	К	Е	В	О	Л	Е	С
Ц	Г	Ю	Ю	В	Г	Л	А	Ч	В	Х	Д	Х	С	Х
Ъ	Ь	Н	Е	Д	О	Р	Т	У	Ч	Щ	А	О	Я	Л
С	А	Ч	С	С	Д	Н	Я	Я	Е	Б	К	Ф	Т	Н
Ъ	Ч	А	О	Ы	Н	Ж	А	П	Р	Ь	Я	Ь	И	Е
Ь	Ч	С	П	Н	Я	Ф	Н	Р	А	Г	К	О	Л	П
П	Й	Ы	Н	Д	О	Г	Е	Ж	Е	Ж	П	М	Е	Х
Е	О	Б	Ь	Б	Ж	Ц	Е	Д	Ж	Е	О	В	Т	О
Ы	Ш	С	Ю	Х	Р	В	Щ	Г	Ц	В	Л	Ц	И	Ю
Х	Ы	А	Л	Ч	А	Т	У	Н	И	М	Д	С	Е	Я
Ф	У	Ч	Ф	Е	Н	А	Д	Г	И	Щ	Е	Н	И	Ь
Ы	Б	Й	Е	П	Д	Р	У	Б	Х	Л	Н	С	В	Х
Ц	Щ	Е	Н	В	Н	Т	Б	Ф	Ы	У	Ь	А	Г	Ь
Е	Н	С	И	У	Л	О	Щ	Н	Е	Д	Е	Л	Я	Ц

ДЕНЬ
ДЕСЯТИЛЕТИЕ
ВЕК
ВЧЕРА
ГОД
ЕЖЕГОДНЫЙ
КАЛЕНДАРЬ
ЧАСЫ
МЕСЯЦ
ПОЛДЕНЬ
МИНУТА
ПОСЛЕ
НОЧЬ
СЕЙЧАС
УТРО
БУДУЩЕЕ
ЧАС
СЕГОДНЯ
РАНО
НЕДЕЛЯ

8 - Meditatie

М	Н	А	Б	Л	Ю	Д	Е	Н	И	Е	Д	Б	У	П
П	Ы	Ч	Т	Ц	К	К	Д	О	Б	Р	О	Т	А	Р
Р	С	С	М	И	Р	Щ	Ь	Л	Ш	Щ	Ц	В	Ь	И
И	Ч	Л	Л	С	О	Ы	Т	Д	Д	Х	Щ	С	Ю	Н
Р	А	Н	О	И	Э	М	О	Ц	И	И	Ф	А	Н	Я
О	С	Е	Д	Х	Ю	С	Е	И	Н	А	Х	Ы	Д	Т
Д	Т	О	Ю	Р	Л	С	И	Х	Ь	Б	П	Ф	С	И
А	Ь	Ф	Ч	Е	И	Г	Н	Г	Т	Р	Я	Д	Ы	Е
М	Е	А	В	И	Т	К	Е	П	С	Р	Е	П	Щ	Щ
Ж	У	В	Т	Е	Т	В	Ж	Ю	О	В	Ю	Ж	У	Ч
Ю	П	З	У	И	Ф	О	И	А	Н	И	Ш	И	Т	П
М	П	Й	Ы	Н	Н	Е	В	Т	С	М	У	Я	Д	О
Я	К	Н	И	К	Д	У	Д	Р	Я	Щ	Х	С	М	З
К	Я	Ф	Е	Н	А	В	Н	И	М	А	Н	И	Е	А
С	О	С	Т	Р	А	Д	А	Н	И	Е	В	Щ	Г	Ь

ВНИМАНИЕ
ПРИНЯТИЕ
ДЫХАНИЕ
ДВИЖЕНИЕ
ЭМОЦИИ
МЫСЛИ
СЧАСТЬЕ
ЯСНОСТЬ
ПОЗА
СОСТРАДАНИЕ
УМСТВЕННЫЙ
МУЗЫКА
ПРИРОДА
НАБЛЮДЕНИЕ
ПЕРСПЕКТИВА
ТИШИНА
МИР
ДОБРОТА

9 - Muziek

Н	П	О	Э	Т	И	К	А	А	П	Р	Щ	Ю	Н	И
С	К	М	И	Ь	Н	Ю	Е	Л	Е	И	О	Л	Р	Щ
Л	Б	Е	Г	С	И	Ъ	Ы	Ь	Т	Т	Я	Х	К	Г
Х	А	Л	О	И	Т	Г	И	Б	Ь	М	Р	Ъ	Ф	Э
Ф	П	О	Щ	П	Н	Д	Л	О	Д	В	Ц	Ч	Ч	К
А	Ъ	Д	Ы	А	Е	Г	О	М	Г	Д	У	Ъ	Я	Л
П	Ч	И	Щ	З	М	Р	Б	А	Л	Л	А	Д	А	Е
М	Е	Я	И	Ь	У	Ф	А	Ч	А	Т	У	Ъ	Ф	К
Е	Ж	В	И	М	Р	М	И	К	Р	О	Ф	О	Н	Т
Т	Е	В	Е	Ь	Т	Н	А	К	Ы	З	У	М	Р	И
Ж	Л	Щ	Ю	Ц	С	Г	А	Р	М	О	Н	И	Я	Ч
Р	Т	Я	Й	Ы	Н	Ч	И	М	Т	И	Р	Т	У	Н
Д	Р	Д	И	Й	И	К	С	Е	Ч	И	Р	И	Л	Ы
М	У	З	Ы	К	А	Л	Ь	Н	Ы	Й	В	Ц	Ю	Й
К	Л	А	С	С	И	Ч	Е	С	К	И	Й	Ъ	Ю	Щ

АЛЬБОМ
БАЛЛАДА
ЭКЛЕКТИЧНЫЙ
ГАРМОНИЯ
ИНСТРУМЕНТ
КЛАССИЧЕСКИЙ
ХОР
ЛИРИЧЕСКИЙ
МЕЛОДИЯ
МИКРОФОН
МУЗЫКАЛЬНЫЙ
МУЗЫКАНТ
ОПЕРА
ЗАПИСЬ
ПОЭТИКА
РИТМ
РИТМИЧНЫЙ
ТЕМП
ПЕВЕЦ
ПЕТЬ

10 - Vogels

И	Р	Ц	Ч	А	В	О	С	Н	Ы	Ш	А	К	Т	У
Я	Н	Ф	С	Ц	О	Л	Т	Т	Ы	Щ	И	Ш	Ъ	В
Г	Ъ	Т	О	И	Р	Е	Р	К	Г	Ж	С	Б	Ъ	Ъ
Ю	М	Ы	Е	Р	О	Б	А	У	Ц	Д	Т	Д	В	Х
Я	Й	Ц	О	У	Б	Е	У	К	В	О	Р	О	Н	А
Ж	Ж	Ы	Ж	К	Е	Д	С	У	С	Ч	Ъ	Ь	Р	Г
Т	К	Ы	А	Ц	Й	Ь	Г	Ш	Д	У	В	Б	В	У
П	Ш	О	Щ	А	П	Ш	Ю	К	Ю	О	В	У	М	Г
Ь	И	Г	С	П	О	О	Я	А	П	А	В	Л	И	Н
Ю	Ь	Н	Ч	Л	Г	Ь	П	Я	Б	Ш	Н	О	О	Щ
М	Р	И	Г	Я	В	У	М	У	И	Ч	Ц	Г	С	Ч
М	С	М	Ъ	В	Ж	Т	С	Ч	Г	Ш	Ц	Ы	Р	Р
К	Л	А	Ф	Н	И	В	С	Ь	Ы	А	К	Й	А	Ч
Ф	В	Л	Е	Щ	Р	Н	А	К	У	Т	Й	И	Д	М
М	О	Ф	П	Е	Л	И	К	А	Н	Ч	О	Г	Ч	Ю

ГОЛУБЬ
УТКА
ЯЙЦО
ФЛАМИНГО
ГУСЬ
КУРИЦА
КУКУШКА
ВОРОНА
ЧАЙКА
ВОРОБЕЙ

АИСТ
ПОПУГАЙ
ПАВЛИН
ПЕЛИКАН
ПИНГВИН
ЦАПЛЯ
СТРАУС
ТУКАН
СОВА
ЛЕБЕДЬ

11 - Universum

Щ	А	Г	А	В	Ы	Н	Е	Б	Х	М	Н	О	Ж	Ш
Г	С	А	Т	И	Ф	Е	Б	М	Х	Л	Д	Ь	Н	И
О	Т	Л	М	Д	С	Б	С	Ю	И	Я	Ц	Ъ	А	Р
Р	Р	А	О	И	П	О	К	С	Е	Л	Е	Т	К	О
И	О	К	С	М	Ш	Р	М	Д	Ц	Ш	Е	Б	Л	Т
З	Н	Т	Ф	Ы	П	К	П	Ь	Е	К	Т	Ц	О	А
О	О	И	Е	Й	Р	Р	Ф	Л	Ч	П	Г	Б	Н	Т
Н	М	К	Р	О	Т	А	В	К	Э	О	С	Ч	Т	О
Т	Ю	А	А	Ю	Ъ	Щ	Р	Д	И	Л	М	Ы	Е	Г
А	С	Т	Р	О	Н	О	М	И	Я	У	М	Я	М	Л
И	К	Й	И	К	С	Е	Ч	И	М	С	О	К	Н	О
В	Ц	Х	О	Р	Б	И	Т	А	Н	Ф	Н	Е	О	Д
П	Щ	Щ	Ч	Л	Ш	Л	У	Н	А	Е	М	Ч	Т	Н
А	С	Т	Е	Р	О	И	Д	И	Т	Р	Н	Ч	А	Е
Л	Б	Х	Е	Ш	Ч	К	Ъ	Ф	К	А	И	Д	О	З

АСТЕРОИД
АСТРОНОМИЯ
АСТРОНОМ
АТМОСФЕРА
ОРБИТА
ШИРОТА
ЗОДИАК
ТЕМНОТА
ЭКВАТОР
ПОЛУСФЕРА
НЕБО
ГОРИЗОНТ
НАКЛОН
КОСМИЧЕСКИЙ
ДОЛГОТА
ЛУНА
ГАЛАКТИКА
ТЕЛЕСКОП
ВИДИМЫЙ

12 - Wiskunde

Д	П	Е	Р	П	Е	Н	Д	И	К	У	Л	Я	Р	Я
А	Е	И	Н	Е	Л	Е	Д	О	Б	Ъ	Е	М	Т	Т
Т	Г	С	М	С	И	М	М	Е	Т	Р	И	Я	Е	Т
Т	Ш	У	Я	И	Ц	К	А	Р	Ф	Ч	Е	П	М	Р
Н	А	К	И	Т	Е	М	Ф	И	Р	А	Х	А	И	Е
Е	П	С	О	Ш	И	О	Ы	С	Ф	Е	К	Р	Р	У
Н	Я	О	Ф	С	Г	Ч	Ф	У	Ю	Ъ	Г	А	Е	Г
О	Ы	Ю	Л	Е	Б	Ъ	Н	Х	О	К	К	Л	П	О
П	У	М	Ч	И	Р	Л	П	Ы	Л	Г	У	Л	Н	Л
С	У	М	М	А	Г	А	И	Я	Й	Ъ	Ю	Е	Е	Ь
К	М	И	Ы	Ю	Н	О	Ь	Д	А	Щ	О	Л	П	Н
Э	Г	А	Ц	Р	Ы	В	Н	П	Н	А	Ю	Ь	Я	И
Ж	Н	Я	У	Р	А	В	Н	Е	Н	И	Е	Ъ	Ъ	К
Г	Е	О	М	Е	Т	Р	И	Я	П	Щ	Ч	Ю	Щ	Ч
Д	И	А	М	Е	Т	Р	Щ	Ф	Ч	П	Ф	Ж	Ф	Ы

СФЕРА
ДЕСЯТИЧНЫЙ
ДИАМЕТР
ДЕЛЕНИЕ
ТРЕУГОЛЬНИК
ЭКСПОНЕНТ
ФРАКЦИЯ
ГЕОМЕТРИЯ
УГЛЫ
ПЕРПЕНДИКУЛЯР
ПЕРИМЕТР
ПАРАЛЛЕЛЬ
АРИФМЕТИКА
СУММА
СИММЕТРИЯ
ПОЛИГОН
УРАВНЕНИЕ
ПЛОЩАДЬ
ОБЪЕМ

13 - Gezondheid en Welzijn #1

Ж	Е	Т	Е	Р	А	П	И	Я	К	А	Ш	Р	Б	Т
Т	Р	А	В	М	А	Ж	Е	М	К	О	П	Е	А	Ф
М	Х	К	И	Ю	У	П	Н	У	Ы	Ф	Ж	Щ	К	Ю
А	Н	И	Ц	И	Д	Е	М	Ш	Ц	Ш	Х	А	Т	У
Я	К	Н	А	Н	Ш	А	С	С	О	Н	Ц	С	Е	Н
Д	Б	И	Х	А	П	Т	Е	К	А	В	Ю	Ы	Р	М
Д	О	Л	О	Г	Д	О	А	Е	К	Ъ	И	Ф	И	У
Ч	У	К	А	Ы	У	С	Ю	Л	Ч	О	В	Р	И	Ю
А	К	Т	И	В	Н	Ы	Й	Ф	Ы	Е	Ф	Г	У	Т
В	Р	А	Ч	Р	Ж	В	Л	Е	В	И	У	О	П	С
Ш	Ш	Ж	Л	Е	М	Р	Я	Р	И	Н	Р	Р	Л	В
У	Х	Г	Ф	Н	М	О	Л	Е	Р	Е	П	М	А	Щ
И	Ш	У	Д	Ф	К	Ф	Х	С	П	Ч	Г	О	Ы	М
Р	Е	Л	А	К	С	А	Ц	И	Я	Е	М	Н	Л	И
Ч	Ч	П	Ь	Б	Ь	К	Б	С	Б	Л	М	Ы	Ы	Ф

АКТИВНЫЙ
АПТЕКА
БАКТЕРИИ
ЛЕЧЕНИЕ
ПЕРЕЛОМ
ВРАЧ
ПРИВЫЧКА
ГОЛОД
ВЫСОТА
ГОРМОНЫ
КОЖА
КЛИНИКА
ТРАВМА
МЕДИЦИНА
РЕЛАКСАЦИЯ
РЕФЛЕКС
МЫШЦЫ
ТЕРАПИЯ
ВИРУС
НЕРВЫ

14 - Camping

Ш	П	Г	О	Н	Ю	Ь	Ж	М	Л	К	П	И	П	С
И	Л	Р	О	Г	О	Н	Ь	О	У	Щ	А	Я	Ш	А
С	Г	Я	И	Г	О	Р	А	Е	Н	Ю	Ъ	Р	К	А
Т	У	Ь	П	К	Я	Ш	В	О	А	С	Ч	Е	Т	Ж
О	Н	В	Ч	А	Л	А	О	М	О	Х	О	Т	А	А
Р	К	Е	И	К	Ж	Ю	К	О	Г	А	М	А	К	Ч
И	Ю	Р	Т	О	Б	В	Ч	К	Т	Д	Ы	О	В	Ю
И	Р	Е	У	М	О	Б	Ю	Е	У	О	Л	М	Е	С
У	Л	Д	Р	П	Л	Е	С	С	Н	Р	О	Ю	Р	Ю
К	Ы	Ь	Р	А	Х	Ъ	Ы	А	Б	И	Ю	Ь	Е	Ы
Ъ	Ч	В	Ф	С	Ы	А	Г	Н	Х	Р	Е	У	В	Т
Ж	И	В	О	Т	Н	Ы	Е	Х	Л	П	К	Т	М	Ч
Ф	О	Н	А	Р	Ь	Е	Ш	Б	Х	О	З	Е	Р	О
П	А	Л	А	Т	К	А	Ы	Д	Ь	С	Я	Ю	Я	Г
Ю	Ю	К	А	Н	О	Э	Я	М	Г	С	Х	О	В	И

ПРИКЛЮЧЕНИЕ
ГОРА
ДЕРЕВЬЯ
ЛЕС
ОГОНЬ
ЖИВОТНЫЕ
ГАМАК
ШЛЯПА
НАСЕКОМОЕ
ОХОТА

КАРТА
КАНОЭ
КОМПАС
ФОНАРЬ
ЛУНА
ОЗЕРО
ПРИРОДА
ПАЛАТКА
ВЕРЕВКА
ИСТОРИИ

15 - Algebra

Ь	С	Ж	П	Ш	А	Р	Б	Л	Д	П	Б	Ж	У	Р
Е	П	К	И	Ф	А	Р	Г	Ф	И	Р	Е	Л	Р	Ы
Е	И	Е	О	Ъ	Щ	И	Б	О	А	О	С	М	А	Ч
П	Х	И	Р	Б	Д	Щ	Т	Р	Г	Б	К	Ю	В	А
У	Б	Н	О	Е	К	Ц	Ь	М	Р	Л	О	Ч	Н	Д
Н	Н	А	Т	Д	М	А	Л	У	А	Е	Н	А	Е	Ц
Н	Б	Т	К	М	И	Е	У	Л	М	М	Е	Ц	Н	Ь
Ж	О	И	А	Я	Р	Г	Н	А	М	А	Ч	Л	И	А
Я	Д	Ч	Ф	Ы	Е	Т	К	Н	А	Х	Н	О	Е	Е
И	Й	Ы	Н	Й	Е	Н	И	Л	А	М	Ы	Ж	У	М
Ц	Б	В	Р	Е	Ш	Е	Н	И	Е	Я	Й	Н	Л	И
К	О	Л	И	Ч	Е	С	Т	В	О	Ь	Ъ	Ы	Ь	Т
А	Э	К	С	П	О	Н	Е	Н	Т	М	Ж	Й	П	Г
Р	П	Ь	У	П	Р	О	Щ	А	Т	Ь	Д	Ъ	Г	Ф
Ф	М	А	Т	Р	И	Ц	А	М	М	У	С	Ы	Н	В

ВЫЧИТАНИЕ
ДИАГРАММА
ЭКСПОНЕНТ
ФАКТОР
ФОРМУЛА
ФРАКЦИЯ
ГРАФИК
СКОБКА
КОЛИЧЕСТВО
ЛИНЕЙНЫЙ
МАТРИЦА
НУЛЬ
БЕСКОНЕЧНЫЙ
РЕШЕНИЕ
ПРОБЛЕМА
СУММА
ЛОЖНЫЙ
ПЕРЕМЕННАЯ
УПРОЩАТЬ
УРАВНЕНИЕ

16 - Activiteiten

С	Р	А	В	П	И	Р	С	У	Щ	Ь	Д	Ы	Ъ	У
А	М	Щ	Я	О	Т	С	Е	Ю	О	С	О	Л	Ы	Д
Д	С	Ь	И	Ю	А	Х	К	М	Ю	К	С	Ы	У	О
О	В	П	Ц	Х	Н	О	В	У	Е	Ъ	У	Ф	В	В
В	С	Г	А	Ь	Ц	Ж	Х	Ш	С	С	Г	Д	Щ	О
О	Щ	Ы	С	И	Ы	В	Ь	О	Х	С	Л	В	Я	Л
Д	П	Ь	К	Щ	Р	Щ	Х	Ф	Т	Г	Т	А	Х	Ь
С	Ц	М	А	Х	Г	Ц	Я	Ц	И	А	Щ	В	Ъ	С
Т	Р	С	Л	Щ	И	Ш	И	Т	Ь	Е	И	Е	О	Т
В	Ч	Т	Е	Н	И	Е	А	Г	Ц	М	О	К	М	В
О	Н	Т	Р	Ж	Е	Ц	И	К	Д	А	Г	А	З	И
К	Е	Р	А	М	И	К	А	Ы	Д	Ц	Ш	Д	Е	Е
Р	Ы	Б	Н	А	Я	Л	О	В	Л	Я	Ж	Ф	Ш	Ы
М	А	Г	И	Я	Я	И	Ф	А	Р	Г	О	Т	О	Ф
И	Ю	Г	Ф	П	Л	Г	Г	Н	И	П	М	Е	К	Ш

РЕМЕСЛА
ТАНЦЫ
ФОТОГРАФИЯ
ИГРЫ
РЫБНАЯ ЛОВЛЯ
ОХОТА
КЕМПИНГ
КЕРАМИКА
ИСКУССТВО
ЧТЕНИЕ
МАГИЯ
ШИТЬЕ
РЕЛАКСАЦИЯ
УДОВОЛЬСТВИЕ
ЗАГАДКИ
САДОВОДСТВО
НАВЫК
ДОСУГ

17 - Vormen

Л	Н	Щ	Ж	Ъ	Ш	Н	Ж	С	Т	Г	П	Ю	Р	Ц
В	И	П	А	У	Щ	Щ	А	Т	Р	И	Р	Ж	Ы	Р
Ч	П	Н	О	К	Г	Ч	И	О	Е	П	И	Ц	М	Р
Н	Х	Л	И	Л	Ш	Р	А	Р	У	Е	З	Е	Л	О
В	О	И	Н	Я	И	Ю	Ы	О	Г	Р	М	В	Н	Я
У	Ъ	Ю	Я	Т	И	Г	Ч	Н	О	Б	А	Г	У	Д
К	Р	У	Г	Л	Ы	Й	О	А	Л	О	Р	Ф	О	Ч
А	Ю	Р	Л	К	Р	А	Я	Н	Ь	Л	Е	Ф	О	В
Х	П	Ъ	Щ	О	Ч	Х	Н	Л	Н	А	Ф	К	Т	Р
Б	Г	У	Х	В	К	Ж	К	П	И	К	С	Ы	Л	Д
П	Л	О	Щ	А	Д	Ь	Б	Р	К	У	У	Ф	Ш	Н
Н	П	И	Р	А	М	И	Д	А	У	Б	И	Г	З	И
О	В	А	Л	Ь	Н	Ы	Й	Ь	В	Г	У	Г	О	Л
П	Р	Я	М	О	У	Г	О	Л	Ь	Н	И	К	К	И
К	О	Н	У	С	Л	Т	Ц	Щ	О	Ж	С	О	Л	Ц

СФЕРА
ДУГА
ЦИЛИНДР
КРУГ
ИЗГИБ
ТРЕУГОЛЬНИК
УГОЛ
ГИПЕРБОЛА
СТОРОНА
КОНУС

КУБ
ЛИНИЯ
ОВАЛЬНЫЙ
ПИРАМИДА
ПРИЗМА
КРАЯ
ПРЯМОУГОЛЬНИК
КРУГЛЫЙ
ПОЛИГОН
ПЛОЩАДЬ

18 - Diplomatie

Б	Е	З	О	П	А	С	Н	О	С	Т	Ь	П	Г	Р
Д	К	Е	И	Н	Е	Д	Ж	У	С	Б	О	Р	Р	К
Г	У	М	А	Н	И	Т	А	Р	Н	Ы	Й	А	А	К
И	Л	Ж	К	И	Н	Т	Е	В	О	С	Р	В	Ж	А
С	О	О	Б	Щ	Е	С	Т	В	О	Ц	Е	И	Д	М
Ы	С	Г	Х	А	Ш	Ш	Я	К	П	Е	З	Т	А	П
Х	О	Р	У	Б	Е	Р	З	О	О	Л	О	Е	Н	А
И	П	М	А	И	Р	Г	Ы	Н	Л	О	Л	Л	Е	Н
Д	М	Ц	Б	Г	Ь	А	К	Ф	И	С	Ю	Ь	Л	И
С	О	Ю	З	Н	И	К	И	Л	Т	Т	Ц	С	В	И
Ц	Ь	А	В	Щ	Е	И	Т	И	И	Н	И	Т	П	У
Ы	К	А	Ч	Ш	Ф	Т	М	К	К	О	Я	В	А	О
Д	С	А	Н	Ж	Д	Э	Ж	Т	А	С	Ъ	О	Р	Б
У	Ш	Ъ	Б	Й	Ы	Н	Н	А	Р	Т	С	О	Н	И
П	О	С	О	Л	Ь	С	Т	В	О	Ь	Г	Ж	Ь	К

СОВЕТНИК
ПОСОЛЬСТВО
ПОСОЛ
СОЮЗНИК
ИНОСТРАННЫЙ
ГРАЖДАНЕ
КАМПАНИИ
КОНФЛИКТ
ОБСУЖДЕНИЕ
ЭТИКА
СООБЩЕСТВО
ГУМАНИТАРНЫЙ
ЦЕЛОСТНОСТЬ
РЕШЕНИЕ
ПОЛИТИКА
ПРАВИТЕЛЬСТВО
РЕЗОЛЮЦИЯ
ЯЗЫКИ
БЕЗОПАСНОСТЬ

19 - Astronomie

Д	И	О	Р	Е	Т	С	А	Д	Ш	П	Т	А	Т	Р
Б	Н	Б	Т	О	Н	К	О	М	Е	Т	А	С	Е	А
Ю	Е	С	Г	С	П	У	Т	Н	И	К	Д	Т	И	В
И	П	Е	Л	У	Н	А	В	Я	Ф	Д	З	Р	Д	Н
З	Х	Р	П	Ш	А	Ж	А	К	И	Ь	Е	О	З	О
Л	Г	В	Р	Б	Д	И	Н	М	О	Т	В	Н	Е	Д
У	М	А	Н	И	Ж	Б	О	Ъ	Я	С	З	О	В	Е
Ч	Р	Т	П	Ф	Ж	Т	Р	Д	Ю	О	М	М	З	Н
Е	И	О	Т	Л	Ы	В	Т	Ш	Ы	Н	Л	О	О	С
Н	Д	Р	Е	Н	А	Ш	С	В	Ц	Н	Ю	Б	С	Т
И	Н	И	О	Т	Ю	Н	А	Ы	Г	А	Ы	Ж	Х	В
Е	Ю	Я	Л	М	Е	З	Е	Ъ	Г	М	Н	Ф	И	И
Р	А	К	Е	Т	А	М	Д	Т	Д	У	Ь	В	М	Е
В	С	Е	Л	Е	Н	Н	А	Я	А	Т	Х	Е	В	Ф
Т	Е	Л	Е	С	К	О	П	Ж	Ж	Д	Ч	П	Т	Б

ЗЕМЛЯ
АСТЕРОИД
АСТРОНАВТ
АСТРОНОМ
РАВНОДЕНСТВИЕ
КОМЕТА
КОСМОС
ЛУНА
МЕТЕОР
ТУМАННОСТЬ
ОБСЕРВАТОРИЯ
ПЛАНЕТА
РАКЕТА
СПУТНИК
ЗВЕЗДА
СОЗВЕЗДИЕ
ИЗЛУЧЕНИЕ
ТЕЛЕСКОП
ВСЕЛЕННАЯ

20 - Emoties

Б	Й	Ы	Н	Й	О	К	О	П	С	Я	С	Н	Ш	Н
Л	Ь	О	Ж	Ш	Й	Ы	Н	Н	Е	Щ	У	М	С	Е
А	Т	О	Р	Б	О	Д	А	Ю	С	Ч	Ъ	Т	Г	Ж
Г	Е	П	Б	С	К	У	К	А	Ю	Ц	А	Щ	Ъ	Н
О	Ч	Н	Е	Л	О	В	О	Д	Р	И	М	Л	Щ	О
Д	П	Е	И	С	Е	Ш	П	С	П	Я	Ь	М	Ь	С
А	Р	И	В	Н	И	Г	Щ	Ф	Р	С	А	Л	Г	Т
Р	Х	Н	Т	Ъ	С	М	Ч	Б	И	А	С	Ы	С	Ь
Н	Г	А	С	Р	Р	Т	П	Е	З	Ц	И	Ш	Щ	И
Ы	К	Ж	Й	Т	Е	П	Ч	А	Н	Ю	Б	Ъ	Ч	О
Й	Г	Р	О	Р	Е	Ш	Ы	С	Т	И	Ц	Ы	Ы	Г
В	К	Е	К	Л	Ю	Б	О	В	Ь	И	Е	М	В	Н
Р	А	Д	О	С	Т	Ь	Х	П	Щ	У	Я	Р	Я	Е
Ж	Т	О	П	Р	Д	И	Щ	П	С	Т	Р	А	Х	В
Т	Я	С	С	Б	Л	А	Ж	Е	Н	С	Т	В	О	Ю

СТРАХ
СМУЩЕННЫЙ
БЛАГОДАРНЫЙ
ПЕЧАЛЬ
БЛАЖЕНСТВО
СОДЕРЖАНИЕ
СПОКОЙНЫЙ
ЛЮБОВЬ
ОБЛЕГЧЕНИЕ
СПОКОЙСТВИЕ
СИМПАТИЯ
НЕЖНОСТЬ
ДОВОЛЕН
СЮРПРИЗ
СКУКА
МИР
РАДОСТЬ
ДОБРОТА
ГНЕВ

21 - Vakantie #2

П	О	Т	Р	А	Н	С	П	О	Р	Т	О	Е	П	Ю
У	Т	Т	Й	М	Ш	С	Ю	Ч	К	П	Ф	Ь	А	Н
Т	Е	К	Ы	Ш	Ъ	А	Ы	Ъ	Ч	Л	П	П	Л	Ц
Е	Л	Г	Н	И	П	М	Е	К	Ч	Я	Р	Б	А	Ю
Ш	Ь	Б	Н	Ц	О	Д	Т	И	М	Ж	Ц	А	Т	М
Е	О	Х	А	Е	П	Р	А	З	Д	Н	И	К	К	О
С	Г	С	Р	Н	Д	Л	Т	Ж	П	Б	Ж	Ь	А	Р
Т	В	О	Т	А	З	Л	Р	Т	С	Т	Г	Ъ	З	Е
В	Г	Ы	С	Р	Е	Ч	А	Г	Р	Р	Х	М	И	Т
И	Ф	А	О	Т	О	Е	К	Ц	У	О	Ж	В	В	А
Е	В	Ф	Н	С	П	В	Ь	П	Ж	П	П	В	Ж	К
Ю	Р	К	И	О	Ж	Ы	О	Ы	Ь	О	Ю	С	Б	С
П	М	Г	Б	Н	Р	Е	С	Т	О	Р	А	Н	А	И
Ж	П	Н	Ъ	И	Ы	Ь	Б	С	П	Э	Ы	Я	Ы	П
Щ	Т	К	Г	Ф	Д	О	С	У	Г	А	М	Б	Б	Я

ИНОСТРАНЕЦ
ИНОСТРАННЫЙ
ОСТРОВ
ОТЕЛЬ
КАРТА
КЕМПИНГ
АЭРОПОРТ
ПАСПОРТ
ПУТЕШЕСТВИЕ
РЕСТОРАН
ПЛЯЖ
ТАКСИ
ПАЛАТКА
ПОЕЗД
ПРАЗДНИК
ТРАНСПОРТ
ВИЗА
ДОСУГ
МОРЕ

22 - Weersomstandigheden

Ъ	Т	П	С	Ъ	В	М	Ъ	Д	Х	В	Ъ	Ь	Ь	В
К	Д	Г	Н	К	Х	Б	У	М	О	Л	Н	И	Я	Л
Н	Е	Б	О	И	Е	У	А	С	Ъ	К	В	Я	М	А
К	Л	И	М	А	Т	Р	Ц	Е	С	Ш	А	Ф	Н	Ж
П	Р	С	И	Р	Х	Я	Д	В	Л	О	Л	А	А	Н
Ц	Ь	Щ	Щ	У	Г	У	Щ	Х	Т	Ц	Н	Ч	В	Ы
В	Н	Щ	М	Т	О	А	С	Н	Ф	Д	Ж	Ш	О	Й
Г	Р	О	М	А	Б	Т	Ь	А	Ы	Я	Щ	С	Д	О
Ф	Ы	Б	Ю	Р	Л	М	Ю	Г	З	Г	Р	Ь	Н	Б
Щ	А	С	Д	Е	А	О	Д	А	Н	Р	О	Т	Е	М
Ь	Л	Ы	Г	П	К	С	Г	Р	Ж	Ф	Е	Ы	Н	И
Л	Г	П	Ь	М	О	Ф	Т	У	М	А	Н	Т	И	Ъ
Ъ	Р	И	Б	Е	Ч	Е	Р	А	Д	У	Г	А	Е	Ш
Т	Ф	С	Ч	Т	Ь	Р	Т	М	А	Ц	Д	Ч	Р	В
Ъ	И	А	Д	Д	Б	А	П	О	Л	Я	Р	Н	Ы	Й

АТМОСФЕРА
МОЛНИЯ
ГРОМ
ЗАСУХА
НЕБО
ЛЕД
КЛИМАТ
ТУМАН
МУССОН
УРАГАН
НАВОДНЕНИЕ
ПОЛЯРНЫЙ
РАДУГА
БУРЯ
ТЕМПЕРАТУРА
ТОРНАДО
ВЛАЖНЫЙ
ВЕТЕР
ОБЛАКО

23 - Eten #2

Ы	Щ	Д	Р	Ж	П	Р	И	С	А	Е	М	У	К	В
М	К	Ы	С	У	Ы	Т	Ь	У	Н	Б	А	Ж	И	Е
И	В	И	Н	О	Г	Р	А	Д	А	Е	Ы	С	В	Т
Н	Щ	Е	Ъ	Ц	Н	У	Р	Л	Н	Л	П	Р	И	Ч
Д	Т	Т	Г	Й	Х	Г	Я	Х	А	Х	Ъ	Х	Б	И
А	Ы	С	Д	Я	И	О	Ш	К	С	С	П	Х	А	Н
Л	Б	Т	Ы	Р	Б	Й	К	Ц	Ы	У	У	К	К	А
Ь	К	А	Ч	Р	Л	У	Б	У	Г	М	И	П	Л	Ц
О	Ю	Ч	Н	Ъ	Н	Ф	С	Щ	К	Ъ	Ь	О	А	И
К	Ж	А	Д	А	П	Ш	Е	Н	И	Ц	А	М	Ж	Р
Ц	О	Ч	Ш	Ю	Н	Ж	Ф	Р	С	П	У	И	А	У
С	П	А	Р	Ж	А	И	Х	Ю	Р	Ф	Д	Д	Н	К
Б	Р	О	К	К	О	Л	И	Ъ	Е	С	Щ	О	К	Ю
Я	Б	Л	О	К	О	Д	Г	Ю	П	Т	С	Р	Ж	Д
Ы	Ы	Р	П	А	Ф	Ф	Ы	А	У	Д	Ц	Ц	Ц	Ш

МИНДАЛЬ
АНАНАС
ЯБЛОКО
СПАРЖА
БАКЛАЖАН
БАНАН
БРОККОЛИ
ХЛЕБ
ВИНОГРАД
ЯЙЦО
ВЕТЧИНА
СЫР
КУРИЦА
КИВИ
ПЕРСИК
РИС
ПШЕНИЦА
ПОМИДОР
РЫБА
ЙОГУРТ

24 - Geologie

Х	Б	З	С	Р	И	К	Х	С	Ы	Е	Ъ	А	П	К
С	С	О	В	О	К	О	Х	В	Л	Л	Р	О	Е	О
Л	Е	Н	Ц	Т	Р	Р	Д	Ь	Б	О	Ш	Р	Щ	Н
Я	Ъ	А	В	И	К	А	Ф	Ч	Е	Ж	Й	А	Е	Т
В	Б	В	Ф	Т	А	Л	В	О	Б	Й	Т	С	Р	И
К	У	А	А	К	М	Л	Щ	Т	Ы	И	Э	П	А	Н
И	И	Л	Ш	А	Е	К	В	А	Р	Ц	Р	Л	Т	Е
С	Ц	Ч	К	Л	Н	Г	Ы	Л	Н	Ь	О	А	П	Н
Л	О	М	Щ	А	Ь	Ф	Е	П	У	Л	З	В	Е	Т
О	У	А	Н	Т	Н	Л	Ч	Й	Щ	А	И	Л	Ъ	Ж
Т	И	И	Ы	С	Г	Ш	Ю	Д	З	К	Я	Е	Р	П
А	У	Н	С	О	Л	Ь	И	Л	Ф	Е	Ю	Н	Б	Х
И	С	К	О	П	А	Е	М	О	Е	Я	Р	Н	Ч	Ы
К	Р	И	С	Т	А	Л	Л	Ы	И	А	Ю	Ы	Н	Я
Ы	Т	Л	И	Ъ	Б	Ъ	Ы	Ы	С	В	Щ	Й	И	Ю

КАЛЬЦИЙ
КОНТИНЕНТ
ЭРОЗИЯ
ИСКОПАЕМОЕ
ГЕЙЗЕР
РАСПЛАВЛЕННЫЙ
ПЕЩЕРА
КОРАЛЛ
КРИСТАЛЛЫ
КВАРЦ
СЛОЙ
ЛАВА
ПЛАТО
СТАЛАКТИТ
КАМЕНЬ
ВУЛКАН
ЗОНА
СОЛЬ
КИСЛОТА

25 - Specerijen

Ь	Ф	Ж	Ь	Е	С	П	О	Б	Я	Ч	Ю	С	Ф	Ч
Л	М	Ъ	Ц	А	Д	Г	Щ	У	Т	Я	Р	О	Е	Г
И	Р	Р	А	К	Г	Ц	У	Ш	Н	Ф	Щ	Л	Н	О
Н	М	Х	С	У	К	Ж	М	Г	О	В	А	Ь	Х	Р
А	Ш	Б	Ф	Д	Ъ	Х	Г	Ъ	Е	Ь	Ь	А	Е	Ь
В	Ъ	Й	И	К	Д	А	Л	С	Ю	Е	Щ	Х	Л	К
С	У	Л	А	Р	К	А	Р	Д	А	М	О	Н	Ь	И
Ч	Ц	У	Ц	Ш	Ь	Е	Ж	Д	Л	Я	Б	Л	Д	Й
П	Е	К	Ь	Н	А	Е	У	Ж	Н	В	К	У	С	Г
А	Р	С	Д	О	Н	И	М	Т	Е	А	Ц	В	Я	У
П	Е	Б	Н	Е	И	Б	Г	Ж	М	В	И	П	Е	Я
Р	П	Ш	Х	О	С	К	О	Р	И	Ц	А	Р	Я	Ж
И	В	Е	Ч	А	К	И	Д	З	О	В	Г	Ч	О	Т
К	Ш	А	Ф	Р	А	Н	К	Щ	Ч	Ъ	Л	У	Л	К
А	П	А	Ж	И	Т	Н	И	К	И	Е	В	Ш	Ш	Е

АНИС
ГОРЬКИЙ
ПАЖИТНИК
ИМБИРЬ
КОРИЦА
КАРДАМОН
КАРРИ
ЧЕСНОК
ТМИН
КОРИАНДР
ГВОЗДИКА
ПАПРИКА
ПЕРЕЦ
ШАФРАН
ВКУС
ЛУК
ВАНИЛЬ
ФЕНХЕЛЬ
СЛАДКИЙ
СОЛЬ

26 - Groenten

Л	Х	С	Г	Г	Р	И	Б	У	Н	Ф	М	Т	М	А
А	Р	Е	Ю	О	Ш	И	Т	Ы	К	В	А	И	О	Ж
М	Н	Л	Х	Б	Р	Л	В	Ц	Н	Ж	В	Я	Р	Н
Е	Р	Ь	И	Б	О	О	Р	Г	К	Б	Ж	Н	К	Х
О	Е	Д	В	Р	Д	К	Х	В	М	Я	Ь	Ш	О	А
И	П	Е	Ф	Щ	И	К	О	Ш	И	Т	Р	А	В	Д
Ь	А	Р	К	Л	М	О	П	Ч	Я	Ч	Ц	Л	Ь	О
Н	В	Е	К	Т	О	Р	Е	В	Е	Д	Х	О	Ю	Л
А	Ъ	Й	Д	Ь	П	Б	Т	Л	О	С	Ю	Т	Ь	И
С	А	Л	А	Т	Е	Т	Р	У	Ц	Н	Н	Ъ	К	В
Р	Е	Д	И	С	А	Е	У	К	К	Н	Н	О	С	К
И	М	Б	И	Р	Ь	Е	Ш	О	К	М	М	И	К	А
Е	Ц	Н	А	Ж	А	Л	К	А	Б	Р	Г	Т	Д	Р
О	Г	У	Р	Е	Ц	Ч	А	И	Ш	П	И	Н	А	Т
Ц	Н	Г	Н	Ц	Д	Ж	Т	Ь	Ы	Ч	Ю	О	У	Б

АРТИШОК
БАКЛАЖАН
БРОККОЛИ
ГОРОХ
ИМБИРЬ
ЧЕСНОК
ОГУРЕЦ
ОЛИВКА
ГРИБ
ПЕТРУШКА
ТЫКВА
РЕПА
РЕДИС
САЛАТ
СЕЛЬДЕРЕЙ
ШАЛОТ
ШПИНАТ
ПОМИДОР
ЛУК
МОРКОВЬ

27 - Archeologie

О	Г	Е	Т	Д	Е	Ц	А	Я	Т	Л	Э	Т	И	Б
Д	Ц	П	Д	Х	Р	Ы	Ж	М	Х	Ь	К	А	С	Г
Ф	О	Е	Л	Ж	Т	Е	Л	Ы	Л	В	С	Й	К	А
С	Я	У	Н	В	Л	Е	В	Т	Ш	Д	П	Н	О	Н
Ы	П	К	Е	К	Б	Т	И	Н	Р	В	Е	А	П	А
Т	О	Ы	Щ	М	А	Р	Х	Е	О	О	Р	И	А	Л
К	О	М	А	Н	Д	А	Р	М	Ж	С	Т	В	Е	И
Е	О	Р	Ь	Н	А	Л	И	Г	О	М	Т	Ч	М	З
Ъ	П	О	Т	О	М	О	К	А	С	Щ	П	Ь	О	М
Б	И	Ф	Е	Ч	К	О	Щ	Р	Е	Ы	П	Е	Е	Ш
О	З	А	Б	Ы	Т	Ы	Й	Ф	В	Ы	В	О	Д	Ы
Р	Е	Л	И	К	В	И	Я	Ц	К	П	Ш	А	Ц	А
К	О	С	Т	И	Ь	Ю	Н	Х	С	Э	Е	И	Б	Ф
Ц	И	В	И	Л	И	З	А	Ц	И	Я	Р	А	Т	Я
Н	Е	И	З	В	Е	С	Т	Н	Ы	Й	П	А	Б	О

АНАЛИЗ
ЦИВИЛИЗАЦИЯ
ВЫВОДЫ
КОСТИ
ЭКСПЕРТ
ОЦЕНКА
ИСКОПАЕМОЕ
ФРАГМЕНТЫ
МОГИЛА
ТАЙНА
ПОТОМОК
ОБЪЕКТЫ
НЕИЗВЕСТНЫЙ
ДРЕВНОСТЬ
РЕЛИКВИЯ
КОМАНДА
ХРАМ
ЭРА
ЗАБЫТЫЙ

28 - Dans

А	Ь	Е	Й	Ю	Б	Е	Г	У	Ь	Р	Т	Х	В	П
Ь	Т	Й	Ы	Н	Ь	Л	А	У	З	И	В	О	Ы	А
У	Ч	Д	Н	М	У	З	Ы	К	А	Т	Н	Р	Р	Р
А	Р	У	Т	Ь	Л	У	К	Ы	Щ	М	Х	Е	А	Т
У	К	Щ	С	У	Ч	В	Ш	Я	Ц	В	Д	О	З	Н
П	Г	А	О	О	Б	Щ	Ы	Б	У	Е	Б	Г	И	Е
Р	Щ	Л	Д	Л	В	Д	Л	Ы	Ц	И	Ш	Р	Т	Р
О	М	Щ	А	Е	И	Н	Е	Ж	И	В	Д	А	Е	Э
Я	Ь	Ъ	Р	Т	М	Г	Р	А	Ц	И	Я	Ф	Л	М
Я	Х	К	Я	И	Ц	И	Т	Е	П	Е	Р	И	Ь	О
М	Ь	Ц	А	Ж	У	Х	Я	В	Ц	Ь	Л	Я	Н	Ц
О	О	Л	Щ	И	С	К	У	С	С	Т	В	О	Ы	И
Т	Р	А	Д	И	Ц	И	О	Н	Н	Ы	Й	И	Й	Я
К	Л	А	С	С	И	Ч	Е	С	К	И	Й	Ф	Ы	С
П	О	З	А	К	У	Л	Ь	Т	У	Р	Н	Ы	Й	У

АКАДЕМИЯ
ДВИЖЕНИЕ
РАДОСТНЫЙ
ХОРЕОГРАФИЯ
КУЛЬТУРНЫЙ
КУЛЬТУРА
ЭМОЦИЯ
ВЫРАЗИТЕЛЬНЫЙ
ГРАЦИЯ
ПОЗА
КЛАССИЧЕСКИЙ
ИСКУССТВО
ТЕЛО
МУЗЫКА
ПАРТНЕР
РЕПЕТИЦИЯ
РИТМ
ТРАДИЦИОННЫЙ
ВИЗУАЛЬНЫЙ

29 - Ziekte

Д	В	Ъ	Я	С	С	Л	А	Б	Ы	Й	Р	Т	И	А
Ы	Я	В	И	И	И	М	М	У	Н	И	Т	Е	Т	Л
Х	Ю	Б	Т	Н	Л	У	Ж	К	С	И	Ц	Т	С	Л
А	Ъ	В	А	Д	Т	Е	Л	О	С	И	Ц	К	О	Е
Т	З	И	П	Р	М	Г	О	У	К	Е	Н	Х	К	Р
Е	Ы	А	О	О	П	Д	С	Е	Н	И	Р	У	Ж	Г
Л	П	Ж	Р	М	Ч	Я	Т	А	С	Н	Ф	Д	С	И
Ь	Я	П	В	А	П	Ж	Р	И	Н	Е	Д	Ь	Ц	И
Н	С	И	Е	Ж	З	У	Ы	М	Р	Л	Ы	Б	О	Е
Ы	Н	О	Н	Н	К	Н	Й	Г	О	А	Ю	Ы	Ю	Ю
Й	О	Н	Ш	Ю	Р	Б	Ы	Я	И	П	А	Р	Е	Т
И	Р	Р	Г	Б	В	Ж	А	Й	Щ	С	Е	Ц	Д	А
С	Ы	К	Щ	Ь	С	Ч	Е	Ь	В	О	Р	О	Д	З
П	О	Я	С	Н	И	Ч	Н	Ы	Й	В	С	Ж	Ь	Б
Б	А	К	Т	Е	Р	И	А	Л	Ь	Н	Ы	Й	Ч	О

ОСТРЫЙ
ДЫХАТЕЛЬНЫЙ
АЛЛЕРГИИ
БАКТЕРИАЛЬНЫЙ
ЗАРАЗНЫЙ
КОСТИ
БРЮШНОЙ
ЗДОРОВЬЕ
СЕРДЦЕ
ИММУНИТЕТ
ПОЯСНИЧНЫЙ
ТЕЛО
НЕВРОПАТИЯ
ВОСПАЛЕНИЕ
СИНУС
СИНДРОМ
ТЕРАПИЯ
СЛАБЫЙ

30 - Immigratie

О	Ф	И	Ц	Е	Р	А	П	Н	Т	Д	Д	У	Р	Г
С	П	У	Н	Я	И	Д	О	Ж	Ю	Ю	О	Т	Е	Р
Ж	Щ	Ъ	О	Г	Р	М	М	П	И	Н	К	В	Ш	А
Г	Ы	Я	К	Щ	Ъ	И	О	Ж	Ю	Г	У	Е	Е	Н
З	Ю	Р	А	О	Ю	Н	Щ	Ф	К	Н	М	Р	Н	И
С	А	Ь	З	Р	Р	И	Ь	Ц	Ы	Д	Е	Ж	И	Ц
С	Ь	Щ	Е	Ы	Л	С	О	Р	З	В	Н	Д	Е	Ы
Е	Ь	Л	И	Ж	Ъ	Т	Й	П	Я	И	Т	Е	Д	О
Р	Я	Щ	Т	Т	И	Р	Щ	И	Р	К	Ы	Н	Л	И
Т	А	Ч	Ф	Ы	А	А	В	Щ	Н	О	О	И	Е	Т
С	Ь	Е	Г	Г	О	Ц	Ь	Ч	Ч	Й	Ц	Е	Е	Ш
Я	И	Ц	А	У	Т	И	С	Б	П	П	А	Е	Г	К
И	Ь	Т	А	А	В	Я	Ъ	В	Б	А	Ъ	Р	С	Е
Ш	К	Ь	П	Е	Р	Е	Г	О	В	О	Р	Ы	К	С
К	О	М	М	У	Н	И	К	А	Ц	И	Я	С	Ю	А

АДМИНИСТРАЦИЯ
ЗАЩИТА
КОММУНИКАЦИЯ
ДОКУМЕНТЫ
УТВЕРЖДЕНИЕ
ГРАНИЦЫ
ЖИЛЬЕ
ПОМОЩЬ
ДЕТИ
ОФИЦЕР
ПЕРЕГОВОРЫ
РЕШЕНИЕ
ПРОЦЕСС
СИТУАЦИЯ
СТРЕСС
ЯЗЫК
КРАЙНИЙ СРОК
ВЗРОСЛЫЕ
ЗАКОН

31 - Sport

Б	Т	Г	И	М	Н	А	С	Т	И	К	А	Ц	С	П
И	А	Р	Ь	К	Е	И	Ъ	С	Ъ	Ц	С	Г	У	О
Ц	Г	С	Е	Ч	Е	М	П	И	О	Н	А	Т	Д	Б
А	Д	Р	К	Н	Ю	Л	Ц	Н	Б	Ч	С	Ю	Ь	Е
Б	Ь	Ц	А	Е	Е	У	Щ	Н	Е	К	П	У	Я	Д
С	У	Х	Ь	О	Т	Р	Ж	Е	Й	О	О	Х	И	И
С	М	Е	У	П	С	Б	Л	Т	С	М	Р	О	З	Т
Т	Г	Я	Ж	И	Г	Т	О	О	Б	А	Т	К	А	Е
Д	В	И	Ж	Е	Н	И	Е	Л	О	Н	С	К	Н	Л
Н	Б	Л	Ж	Ы	О	Ю	Ь	У	Л	Д	М	Е	М	Ь
Г	О	Л	Ь	Ф	И	Б	Ю	Ф	О	А	Е	Й	И	Ц
У	Ш	Ь	Х	К	Д	А	Л	Ь	И	О	Н	А	Г	Ф
П	Х	Г	Ь	Т	А	В	А	Л	П	Ц	П	Т	О	Ф
А	Е	Я	Б	М	Т	В	Ч	Я	Ы	И	Г	Р	О	К
И	Ф	Ц	Д	Ы	С	В	Е	Л	О	С	И	П	Е	Д

СПОРТСМЕН
БАСКЕТБОЛ
ДВИЖЕНИЕ
ВЕЛОСИПЕД
ГОЛЬФ
ГИМНАЗИЯ
ГИМНАСТИКА
ХОККЕЙ
БЕЙСБОЛ
ЧЕМПИОНАТ
СУДЬЯ
ИГРА
ИГРОК
СТАДИОН
КОМАНДА
ТЕННИС
ТРЕНЕР
ПОБЕДИТЕЛЬ
ПЛАВАТЬ

32 - Mythologie

П	П	О	Б	К	А	С	Ь	А	П	А	Ъ	Р	Л	С
Р	У	С	Я	Ь	И	Г	Ы	М	О	Р	Г	Е	Е	М
О	А	Ф	А	И	И	Е	У	М	В	О	Ш	В	Г	А
С	М	Е	Р	Т	Н	Ы	Й	О	Е	П	Т	Н	Е	Ч
Б	Л	Л	Ы	Н	В	Л	Г	Я	Д	Д	Ш	О	Н	В
Ш	Б	А	В	Я	Н	И	О	Р	Е	Г	Г	С	Д	Е
В	У	К	Б	Е	Й	В	Т	М	Н	Т	Ю	Т	А	Р
У	О	Н	О	И	О	У	Щ	Щ	И	Ж	Д	Ь	У	Ч
И	В	И	Ф	Н	Р	В	Е	Ф	Е	С	И	Л	А	О
М	Т	Н	Н	А	Е	И	Т	Р	Е	М	С	С	Е	Б
О	С	Е	Щ	Д	Г	Ч	Н	А	Р	Х	Е	Т	И	П
Н	Е	Б	Л	З	А	Р	У	Т	Ь	Л	У	К	Г	Л
С	Щ	Е	Ф	О	К	А	Т	А	С	Т	Р	О	Ф	А
Т	У	С	Ш	С	М	Е	С	Т	Ь	И	Я	Ю	Н	Щ
Р	С	А	Л	Ц	С	Д	Ъ	Я	П	П	Щ	Ю	Р	Л

АРХЕТИП
МОЛНИЯ
СОЗДАНИЕ
КУЛЬТУРА
ГРОМ
ЛАБИРИНТ
ПОВЕДЕНИЕ
ГЕРОЙ
ГЕРОИНЯ
НЕБЕСА

РЕВНОСТЬ
СИЛА
ВОИН
ЛЕГЕНДА
МОНСТР
БЕССМЕРТИЕ
КАТАСТРОФА
СМЕРТНЫЙ
СУЩЕСТВО
МЕСТЬ

33 - Eten #1

Е	Ф	Я	Т	А	Л	А	С	Л	Ш	У	Я	С	П	А
А	У	Ч	Ю	У	Ь	К	Ь	Г	П	Ч	О	И	К	И
К	К	М	Р	В	Н	Ш	Р	Х	И	В	Е	Ч	П	Ы
И	О	Е	И	Я	М	Е	Ь	В	Н	А	В	У	С	Х
Н	К	Н	Ш	Б	В	Ч	Ц	Ц	А	Ь	А	Ф	П	К
Б	О	Ь	С	А	Ш	У	Р	Г	Т	Ы	Ь	Ш	Л	Б
У	Л	М	М	Е	Р	Л	Ы	Щ	И	Н	А	Я	Л	А
Л	О	О	М	Я	Ч	А	Щ	Д	Ж	С	С	М	Ы	Л
К	М	Р	Я	В	Е	Ц	Х	Б	Б	О	У	Ч	Ъ	И
И	Ф	К	С	Л	Ъ	И	Ц	И	Ь	Л	П	Н	А	М
Л	Е	О	О	У	Ъ	Р	Н	П	С	Ь	Н	Р	С	О
И	М	В	Я	К	Х	О	Ч	Ц	Н	Ц	А	М	Г	Н
З	О	Ь	А	Е	Д	К	У	Ю	Л	Я	Р	Х	П	К
А	С	А	Х	А	Р	О	Б	М	О	Д	Ъ	Д	Л	С
Б	Ш	Ш	А	А	Д	С	О	К	И	Р	Б	А	А	Ч

КЛУБНИКА
АБРИКОС
БАЗИЛИК
ЛИМОН
ЯЧМЕНЬ
КОРИЦА
ЧЕСНОК
МОЛОКО
ГРУША
АРАХИС

САЛАТ
СОК
СУП
ШПИНАТ
САХАР
ТУНЕЦ
ЛУК
МЯСО
МОРКОВЬ
СОЛЬ

34 - Avontuur

М	Г	В	Ш	Ь	Т	С	О	Н	Д	У	Р	Т	И	Д
В	Я	И	С	Р	У	К	С	К	Э	У	Т	Х	Я	Р
Т	П	Р	Ш	П	Р	И	Р	О	Д	А	А	Н	Ф	У
М	Б	А	И	Ш	Ш	П	Р	О	Б	Л	Е	М	Ы	З
Х	Е	Д	Ц	Я	Р	О	О	Д	Ч	О	Ж	Ъ	Л	Ь
Р	З	О	Г	И	А	Ч	П	Я	К	Ю	Ф	Ш	М	Я
А	О	С	Н	Ц	М	З	А	И	З	У	Т	Н	Э	Я
Б	П	Т	Ш	А	Н	С	С	К	Г	Е	Б	Ъ	Ж	А
Р	А	Ь	Ж	Г	Б	Й	Н	У	Т	Р	Л	Б	Я	Т
О	С	А	Ю	И	Ж	Ъ	Ы	М	Ы	И	Ю	И	Р	О
С	Н	С	Н	В	Ш	Х	Й	В	Ь	Ц	Д	Л	Д	С
Т	О	Х	Д	А	П	О	Д	Г	О	Т	О	В	К	А
Ь	С	Й	Ы	Н	Ч	Ы	Б	О	Е	Н	Щ	Б	Ю	Р
С	Т	Д	Е	Я	Т	Е	Л	Ь	Н	О	С	Т	Ь	К
Ь	Ь	Я	Ы	Я	Ч	Ы	С	О	Ъ	Ф	Д	Д	Ш	Д

ДЕЯТЕЛЬНОСТЬ
ЭНТУЗИАЗМ
ЭКСКУРСИЯ
ОПАСНЫЙ
ШАНС
ХРАБРОСТЬ
ТРУДНОСТЬ
ПРИРОДА
НАВИГАЦИЯ
НОВЫЙ
НЕОБЫЧНЫЙ
МАРШРУТ
КРАСОТА
ПРОБЛЕМЫ
БЕЗОПАСНОСТЬ
ПОДГОТОВКА
РАДОСТЬ
ДРУЗЬЯ

35 - Restaurant #2

К	Ж	Р	Р	Л	Д	С	В	Ь	Ж	Ж	Ю	Ъ	К	Ь
В	Т	Г	Д	Щ	Е	Б	Ж	Л	С	С	Г	Х	Д	У
Ы	К	А	А	Ж	Б	Д	Ж	Т	Б	О	Р	К	В	Х
Е	У	У	Г	В	О	Д	А	У	Ь	Л	Ю	Г	Р	Ъ
Г	Р	Ъ	С	Ж	П	П	С	Ю	А	Ь	У	Д	Ц	Х
Ы	Ф	В	Р	Н	Ж	Х	П	У	С	Щ	Ж	Ь	П	Ъ
В	О	И	И	Д	Ы	А	Е	Я	Й	Ц	А	Ш	Щ	Г
Ч	Ы	Л	Р	Н	Ф	Й	Ц	Щ	Ж	Р	Х	Х	Я	О
С	Т	К	Ы	Ч	С	П	И	Б	Л	А	П	Ш	А	В
Ъ	Т	А	Б	Р	Я	Н	И	О	В	Х	П	У	Е	О
Р	А	У	А	З	А	К	У	С	К	А	С	Н	Р	Щ
Х	Л	Ю	Л	В	Ъ	Т	Н	А	П	И	Т	О	К	И
Е	А	К	Ж	О	Л	О	Ф	П	К	Ю	В	У	О	Ъ
Л	С	Ш	Е	Р	Ш	Р	С	Ы	Г	А	И	Г	Ш	Ж
Я	Н	А	Х	И	Р	Т	Н	А	И	Ц	И	Ф	О	К

ТОРТ
ОБЕД
НАПИТОК
ЯЙЦА
ФРУКТ
ОВОЩИ
ВКУСНЫЙ
ЛЕД
ЛОЖКА
ЛАПША
ОФИЦИАНТ
САЛАТ
СУП
СПЕЦИИ
СТУЛ
РЫБА
ЗАКУСКА
ВИЛКА
ВОДА
СОЛЬ

36 - Bijen

Ф	Т	Ц	Ь	Ц	В	О	Л	А	Б	Л	Э	Е	Т	П
К	Р	Ц	В	Е	Т	Е	Н	И	Е	Ы	К	О	Д	Ъ
Р	Ч	У	Ь	Л	Е	Т	И	Л	Ы	П	О	М	Р	А
Ы	А	П	К	Ы	Ц	К	Ч	Ч	В	Ч	С	О	А	В
Л	Ш	Я	С	Т	Н	О	Г	Щ	И	Ф	И	К	З	Ч
Ь	М	И	О	Е	Л	Р	Л	Г	Ж	Н	С	Е	Н	Ш
Я	Щ	Н	В	В	О	О	Щ	Б	П	Ч	Т	С	О	Б
У	Л	Е	Й	Ц	С	Л	Ш	Е	Ы	К	Е	А	О	Ф
С	В	Т	О	Ю	Л	Е	Щ	Ю	Л	Д	М	Н	Б	Ш
Ч	Ъ	С	Р	Н	Д	В	Г	Ф	Ь	У	А	Ы	Р	Н
И	О	А	Л	А	Ш	А	С	Л	Ц	Д	Ы	М	А	Ю
Е	С	Р	Щ	Ч	А	Н	Ь	Ы	А	Е	Ц	Ж	З	И
Х	Д	А	С	Ч	Ъ	К	И	Ц	Ж	М	Ъ	В	И	Г
Й	Ы	Н	Д	О	Г	Ы	В	Я	Ч	О	И	С	Е	Х
Л	М	Ц	П	У	О	Ч	Ъ	Л	Ь	В	Ж	Ы	Г	В

ОПЫЛИТЕЛЬ
УЛЕЙ
ЦВЕТЫ
ЦВЕТЕНИЕ
РАЗНООБРАЗИЕ
ЭКОСИСТЕМА
ФРУКТ
МЕД
НАСЕКОМОЕ
КОРОЛЕВА
РАСТЕНИЯ
ДЫМ
ПЫЛЬЦА
САД
КРЫЛЬЯ
ЕДА
ВЫГОДНЫЙ
ВОСК
СОЛНЦЕ
РОЙ

37 - Wandelen

К	Е	М	П	И	Н	Г	Б	О	Т	И	Н	К	И	Ж
Г	Ь	Т	Ю	К	Ж	Б	Д	Т	Я	Х	О	Х	Т	О
Т	О	Ъ	Щ	Р	А	Ж	И	В	О	Д	А	Щ	Я	Р
П	В	Р	С	А	Ы	Ъ	К	С	М	Й	Г	Х	Ж	И
И	Т	П	А	П	Л	И	И	Е	О	Ы	Е	Ю	Е	Е
Т	П	О	Г	О	Д	А	Й	Т	П	Л	Ы	Ь	Л	Н
С	Щ	Е	Я	Ю	Н	К	Ъ	У	Р	А	Н	А	Ы	Т
О	У	А	Ц	Т	В	В	Ъ	Д	И	Т	Т	Ц	Й	А
Н	У	Н	Е	К	Ю	О	Р	Е	Р	С	О	П	Е	Ц
С	А	М	М	И	Т	Т	Я	Д	О	У	В	Ф	Ж	И
А	Т	Б	Т	В	О	О	А	Щ	Д	Б	И	Ч	Я	Я
П	Р	Ф	Я	Ю	Д	Г	С	М	А	Ж	Ж	И	Б	Ь
О	А	Ш	А	К	П	Д	Г	Д	И	Н	М	А	К	Ю
М	К	Ф	А	П	Т	О	Р	Щ	Я	Л	Я	П	К	П
Е	О	Б	Г	Ж	Ч	П	Ь	В	К	Д	К	Е	Я	Т

ГОРА
ЖИВОТНЫЕ
ОПАСНОСТИ
КАРТА
КЕМПИНГ
УТЕС
КЛИМАТ
БОТИНКИ
УСТАЛЫЙ
ПРИРОДА
ОРИЕНТАЦИЯ
ПАРКИ
КАМНИ
САММИТ
ПОДГОТОВКА
ВОДА
ПОГОДА
ДИКИЙ
СОЛНЦЕ
ТЯЖЕЛЫЙ

38 - Biologie

Э	В	О	Л	Ю	Ц	И	Я	М	Ь	Н	Я	Е	С	К
Ф	Р	Е	П	Т	И	Л	И	Я	К	Ы	С	С	А	О
К	О	Л	Е	Б	Я	И	Ф	С	О	М	П	Т	У	Л
Б	В	Т	Н	Е	М	Р	Е	Ф	Ю	Т	Т	Е	Ж	Л
Ю	А	М	О	С	О	М	О	Р	Х	Б	Н	С	К	А
Я	Ш	Ъ	Я	С	С	И	М	Б	И	О	З	Т	Ж	Г
Н	К	Ъ	Д	О	И	Я	Ю	М	Ф	Ь	Я	В	М	Е
И	Е	М	Ы	М	Д	Н	Ч	Ф	Ж	Ш	М	Е	Я	Н
У	Х	Р	Ш	С	Ы	О	Т	Е	С	П	А	Н	И	С
Ч	Н	Ш	В	О	Х	М	Я	Е	Й	О	М	Н	Ц	С
И	Я	Д	А	Ы	А	Р	А	Д	З	К	Ы	Ы	А	Р
К	О	Г	Е	Ч	Н	О	Р	Й	Е	Н	А	Й	Т	Г
Ц	Р	В	У	Н	И	Г	Е	Ф	А	Щ	К	Ю	У	О
Ь	Ы	Ы	Ч	У	Е	Р	Е	И	Я	Я	Ф	Ф	М	Ч
Э	М	Б	Р	И	О	Н	А	Н	А	Т	О	М	И	Я

ДЫХАНИЕ
АНАТОМИЯ
ЯЧЕЙКА
ХРОМОСОМА
КОЛЛАГЕН
БЕЛОК
ЭМБРИОН
ФЕРМЕНТ
ЭВОЛЮЦИЯ
ФОТОСИНТЕЗ
ГОРМОН
МУТАЦИЯ
ЕСТЕСТВЕННЫЙ
НЕЙРОН
ОСМОС
РЕПТИЛИЯ
СИМБИОЗ
СИНАПС
НЕРВ

39 - Landen #1

И	Л	И	Ч	К	Р	Е	Р	Щ	У	О	К	Б	Б	П
Н	Р	П	О	Л	Ь	Ш	А	Ц	Р	Н	Щ	Р	Е	Д
П	И	А	Х	Ю	Щ	Ъ	П	Ю	П	Н	Л	А	Л	С
И	О	К	К	О	Р	А	М	К	Ш	П	А	З	Ь	Б
З	Ы	Л	А	Г	Е	Н	Е	С	Н	С	Т	И	Г	И
Р	Л	Т	Ж	Р	Ы	Х	Щ	К	Ж	С	В	Л	И	Ь
А	Д	Г	Д	А	А	Б	Ю	К	Я	К	И	И	Я	Ы
И	Т	И	О	Я	Г	Г	Ц	Щ	С	Х	Я	Я	Н	О
Л	К	Ы	Б	У	Л	С	У	Т	Т	Е	П	И	Г	Е
Ь	Е	Ж	М	П	Ы	Ж	Ц	А	Л	Ш	Ь	Г	Ч	Ю
Ш	Б	И	А	Г	Е	Р	М	А	Н	И	Я	Е	М	К
К	Д	Т	К	Р	У	М	Ы	Н	И	Я	И	В	И	Л
К	А	Н	А	Д	А	Ч	М	Ш	Ц	Б	Г	Р	Ь	Т
Ц	Щ	Ы	С	К	Ь	П	А	Н	А	М	А	О	Р	Ф
И	Т	А	Л	И	Я	И	Н	А	П	С	И	Н	А	В

БЕЛЬГИЯ
БРАЗИЛИЯ
КАМБОДЖА
КАНАДА
ЧИЛИ
ГЕРМАНИЯ
ЕГИПЕТ
ИРАК
ИЗРАИЛЬ
ИТАЛИЯ
ЛАТВИЯ
ЛИВИЯ
МАРОККО
НИКАРАГУА
НОРВЕГИЯ
ПАНАМА
ПОЛЬША
РУМЫНИЯ
СЕНЕГАЛ
ИСПАНИЯ

40 - Installaties

Х	Я	К	Д	Д	Л	Т	В	Х	Б	П	Т	Ж	О	Б
Б	О	Т	А	Н	И	К	А	В	Т	С	И	Л	С	П
Т	Ю	М	С	К	О	Т	Е	В	Ц	Е	Т	Г	Т	Ч
Ф	Л	О	Р	А	Щ	Ш	С	Ы	Ш	Л	В	Ю	Ф	Х
Л	Т	Щ	Ф	А	К	Ф	Т	А	Д	О	Г	Я	Ш	Л
Ш	С	Д	Ъ	Ч	У	Ь	Н	Е	Р	О	К	Н	Ж	Л
П	И	У	Д	О	Б	Р	Е	Н	И	Е	А	Ж	В	П
Ч	Л	Р	А	В	М	Ь	Е	В	Л	Б	К	И	Т	Ы
П	И	Ю	И	Е	А	У	Ю	Ф	Н	О	Т	Л	Ъ	У
Х	Л	В	Щ	Р	Б	Ъ	Ь	Т	Г	Б	У	Н	В	Л
Р	Х	Е	С	Е	Е	К	О	Ъ	Ч	Ь	С	К	И	Д
Я	У	О	Ы	Д	Н	Ъ	Ц	В	Е	Т	Е	Н	И	Е
М	Ц	Д	Ф	Ю	Б	Ш	Ф	Р	К	У	С	Т	Ъ	Щ
Ь	Щ	У	Щ	Е	Б	П	Л	Т	Р	А	В	А	Ш	Ы
Ы	О	С	Ж	И	М	Л	Ц	Н	Ю	А	Н	О	С	Ы

БАМБУК
ЯГОДА
ЛИСТ
ЦВЕТОК
ЦВЕТЕНИЕ
ДЕРЕВО
БОБ
ЛЕС
КАКТУС
ФЛОРА
ЛИСТВА
ТРАВА
РАСТИ
ПЛЮЩ
УДОБРЕНИЕ
МОХ
БОТАНИКА
КУСТ
САД
КОРЕНЬ

41 - Agronomie

П	У	О	П	Ч	У	У	И	П	Ш	Х	Э	Е	П	Г
Р	Е	Д	В	Ч	Щ	Р	Т	Щ	И	Ф	К	Б	Ц	Х
О	И	П	О	О	П	Я	Д	Н	Ч	Ы	О	Н	Ь	Д
И	Н	Ш	И	Б	Щ	Д	Щ	У	Ъ	И	Л	А	Р	Е
З	А	Б	Я	В	Р	И	Ц	О	В	А	О	У	Щ	З
В	В	Н	Я	Ы	М	Е	Т	С	И	С	Г	К	Б	А
О	О	О	У	И	П	Б	Н	А	Ъ	Г	И	А	В	Г
Д	Д	Я	И	З	О	Р	Э	И	Ш	Н	Я	Р	Т	Р
С	Е	Ы	Е	У	П	Ш	А	Н	Е	М	Е	С	Е	Я
Т	Л	Ч	Ъ	Ч	Х	О	Э	Н	Е	Р	Г	И	Я	З
В	С	Л	А	А	Ч	Ж	Ч	Ъ	А	В	Т	Ж	Т	Н
О	С	П	Р	Т	С	О	Р	В	О	О	В	А	Р	Е
Й	И	К	С	Ь	Л	Е	С	Х	А	Д	Ъ	Е	М	Н
Г	Х	Б	О	Л	Е	З	Н	И	А	А	Е	Д	А	И
И	Д	Е	Н	Т	И	Ф	И	К	А	Ц	И	Я	У	Е

ПОЧВА
ЭКОЛОГИЯ
ЭНЕРГИЯ
ЭРОЗИЯ
РОСТ
ОВОЩИ
ИДЕНТИФИКАЦИЯ
СЕЛЬСКИЙ
УДОБРЕНИЕ
ИССЛЕДОВАНИЕ
ПРОИЗВОДСТВО
ИЗУЧАТЬ
СИСТЕМЫ
ЗАГРЯЗНЕНИЕ
ЕДА
ВОДА
НАУКА
СЕМЕНА
БОЛЕЗНИ

42 - Oceaan

К	Р	Е	В	Е	Т	К	А	К	Н	У	Ю	Л	У	В
Г	Ф	Ы	П	Ц	Н	Ь	Щ	У	М	Щ	Т	С	Х	О
С	Ц	В	Ж	Ю	Ь	И	Ь	Ъ	Ю	Ц	Ъ	Ы	Е	Д
Б	Т	И	К	К	Я	Д	В	М	У	Ж	Х	Ф	В	О
Ю	Ы	Л	П	Е	Е	М	Л	М	Ы	Т	Т	Х	Р	Р
К	Ь	И	Р	А	Б	Ъ	Х	Ц	С	П	Ъ	Ь	Л	О
Ч	Е	Р	Е	П	А	Х	А	Б	Ы	Р	Ь	Л	О	С
О	Ц	П	О	Ы	Р	Б	Ц	К	С	Л	Х	Р	Д	Л
Щ	С	Р	У	Г	К	Н	И	Ф	Ь	Л	Е	Д	К	И
Т	Ъ	Ь	Ы	Д	У	Л	Р	А	И	А	Щ	Р	А	П
Б	Д	Щ	М	А	Ц	Ц	Т	К	Я	Р	У	Б	К	Ш
Т	Ч	Х	Е	И	Ь	Р	С	У	О	О	Щ	П	Б	Ж
Т	У	Н	Е	Ц	Н	И	У	Л	П	К	Е	Ч	У	Ы
М	Е	Д	У	З	А	О	Е	А	Л	Ы	Е	И	Г	М
Ю	Г	Ф	Ж	Е	Ч	Х	Г	Ъ	О	Е	Е	Я	Б	Л

УГОРЬ
ВОДОРОСЛИ
ЛОДКА
ДЕЛЬФИН
КРЕВЕТКА
ПРИЛИВЫ
АКУЛА
КОРАЛЛ
КРАБ
МЕДУЗА
ОСЬМИНОГ
УСТРИЦА
РИФ
ЧЕРЕПАХА
ГУБКА
БУРЯ
ТУНЕЦ
РЫБА
КИТ
СОЛЬ

43 - Landen #2

И	Ю	М	Д	Я	Г	Д	Я	В	Г	А	К	Х	А	Я
Д	О	Я	И	Р	Е	Г	И	Н	Р	Л	А	О	С	Д
К	Ю	Я	И	Ц	Н	А	Р	Ф	Е	Ъ	П	У	Ч	К
Е	П	П	Ж	Ж	Р	Ж	Е	Ф	Ц	Ж	Д	Ц	У	Ж
Г	П	О	М	А	Ш	Г	Б	Я	И	Н	А	Д	И	Щ
Н	М	Н	И	Ц	Я	М	И	Ь	Я	С	К	Ш	Л	Р
Е	Л	И	С	Р	М	А	Л	А	Й	З	И	Я	И	Т
П	Л	Я	У	О	Л	В	Р	Ы	С	Б	С	И	В	О
А	В	А	Ч	К	М	А	Б	Р	У	Ю	К	Н	А	К
Л	Ь	Ж	Ы	Щ	Р	А	Н	П	О	Щ	Е	Е	Н	С
Р	О	С	С	И	Я	А	Л	Д	Ю	Щ	М	К	Г	С
У	Г	А	Н	Д	А	Г	И	И	И	С	И	Р	И	Я
Э	Ф	И	О	П	И	Я	Ы	Н	Н	Я	Т	К	Б	Ч
И	Н	Д	О	Н	Е	З	И	Я	А	И	Е	О	Ф	Т
У	Н	Е	Щ	Ц	К	Ф	Ж	Л	Д	Д	Г	Я	Ы	У

ДАНИЯ
ЭФИОПИЯ
ФРАНЦИЯ
ГРЕЦИЯ
ИРЛАНДИЯ
ИНДОНЕЗИЯ
ЯПОНИЯ
КЕНИЯ
ЛАОС
ЛИВАН
ЛИБЕРИЯ
МАЛАЙЗИЯ
МЕКСИКА
НЕПАЛ
НИГЕРИЯ
УГАНДА
УКРАИНА
РОССИЯ
СОМАЛИ
СИРИЯ

44 - Bloemen

М	Б	Е	О	Д	М	Л	А	В	А	Н	Д	А	Х	Л
П	А	З	О	Р	С	А	Т	Щ	С	Б	Д	Ф	У	Е
Ь	С	Г	Ь	Е	У	И	К	Е	Д	А	Ф	Я	Н	П
Ь	Е	Щ	Н	О	И	П	Р	Ъ	Ю	Д	Я	И	Л	Е
М	Ц	Б	А	О	Е	Н	Я	Е	Д	И	Х	Р	О	С
Ф	А	М	П	Ч	Л	К	Ч	Ю	Н	И	У	Е	С	Т
Т	Н	И	Ь	Ж	Н	И	Г	Ч	И	Ь	Ц	М	Д	О
Т	Ы	О	Л	Ф	Ю	Ч	Я	О	М	В	Ы	Ю	О	К
Т	О	Я	Ю	П	Е	Н	Ц	Ш	С	Д	Щ	Л	П	Ы
М	А	К	Т	И	Р	А	Г	Р	А	М	Ж	П	Ж	Ь
Ч	Л	Ы	Е	У	У	В	Щ	Ы	Ж	Л	И	Л	И	Я
Т	Х	Г	К	Т	А	У	Г	А	Р	Д	Е	Н	И	Я
О	Ъ	М	У	Ь	К	Д	К	Л	Е	В	Е	Р	Ц	Ж
Х	У	Ы	Б	Ж	Е	О	Г	И	Б	И	С	К	У	С
Ш	Р	А	И	Ч	Б	Я	Я	У	Щ	У	Т	О	Л	А

ЛЕПЕСТОК
БУКЕТ
ГАРДЕНИЯ
ГИБИСКУС
ЖАСМИН
КЛЕВЕР
ЛАВАНДА
ЛИЛИЯ
СИРЕНЬ
МАРГАРИТКА
МАГНОЛИЯ
ОРХИДЕЯ
ОДУВАНЧИК
МАК
ПИОН
ПЛЮМЕРИЯ
РОЗА
ТЮЛЬПАН
ПОДСОЛНУХ

45 - Landschappen

А	С	Щ	У	Л	Щ	Ы	Ц	К	О	Х	И	Л	Г	Х
Д	К	Х	Н	К	Ю	Н	Г	И	Ч	Ъ	Ч	Б	Е	Г
А	Н	А	П	М	Т	Щ	В	Ф	Ц	С	П	О	Й	Н
Т	Щ	С	Я	Л	М	Щ	Р	А	Г	У	Ы	Л	З	Ъ
О	А	Ч	Ъ	О	Я	Н	Ы	Т	С	У	П	О	Е	Ж
З	Ю	Е	Ф	Х	Е	Ж	Х	О	О	А	Я	Т	Р	К
Е	Ж	Т	Ф	В	О	Р	Т	С	О	У	Л	О	П	У
Р	Г	Л	Т	К	Н	Ш	Щ	Т	П	Е	Щ	Е	Р	А
О	О	Е	Р	У	Т	П	Ы	Р	Т	Я	Г	К	Г	К
И	Р	Д	Ш	Ч	Н	О	Д	О	О	Ъ	Ч	Ю	Р	Е
И	А	Н	К	Г	Ф	Д	Г	В	Н	Х	Р	Ф	Н	Р
Ш	С	И	З	А	О	У	Р	Д	О	Л	И	Н	А	М
Т	Р	К	Ю	Д	Щ	У	Н	А	К	Л	У	В	Е	О
Ы	Ь	Х	Щ	В	О	Д	О	П	А	Д	П	Ш	К	Р
С	Ж	Х	Ь	Е	Ж	А	Й	С	Б	Е	Р	Г	О	Е

ГОРА
ОСТРОВ
ГЕЙЗЕР
ЛЕДНИК
ПЕЩЕРА
ХОЛМ
АЙСБЕРГ
ОЗЕРО
БОЛОТО
ОАЗИС
ОКЕАН
РЕКА
ПОЛУОСТРОВ
ПЛЯЖ
ТУНДРА
ДОЛИНА
ВУЛКАН
ВОДОПАД
ПУСТЫНЯ
МОРЕ

46 - Tuin

М	Т	Д	Б	Ч	К	И	Ж	Т	С	Ф	П	Ы	И	Ж
С	А	Д	Е	А	О	Ы	М	Ъ	К	Щ	О	М	Р	Ж
И	И	Х	Н	Р	Т	В	Ч	Х	А	Д	Ч	П	Ж	Ы
Х	Б	Л	О	С	Е	У	Ь	Т	М	Т	В	Ш	Е	Т
Ю	С	К	Г	Д	В	В	Т	Р	Ь	У	А	И	Ц	И
Л	Е	Х	Ь	Н	Ц	Я	О	А	Я	Б	Т	П	Л	Ш
Н	Я	Г	А	Р	А	Ж	П	В	К	П	С	Н	О	Ф
Ж	Б	К	Е	Ж	И	Л	Б	А	Р	Г	О	С	И	Л
Ч	Л	Т	К	Н	Щ	Г	Н	З	Ы	Ы	О	К	Х	Ф
Ц	И	Е	Ы	Л	Е	Г	Н	А	Л	Ш	Ъ	У	Ф	Д
А	Ч	Д	О	Л	Ю	Х	Н	Б	Ь	П	К	С	Г	Ж
Г	Т	Е	Р	Р	А	С	А	О	Ц	У	К	Т	А	Щ
Р	Ж	Ю	Х	И	К	Я	Н	Р	О	С	Х	Ч	М	Ж
Л	П	Р	У	Д	Р	М	О	П	Ы	У	Ю	Х	А	О
Г	П	М	О	Я	Е	Л	У	Ж	А	Й	К	А	К	Е

СКАМЬЯ
ЦВЕТОК
ПОЧВА
ДЕРЕВО
ГАРАЖ
ЛУЖАЙКА
ТРАВА
ГАМАК
ГРАБЛИ
ЗАБОР
СОРНЯКИ
ЛОПАТА
ШЛАНГ
КУСТ
ТЕРРАСА
БАТУТ
САД
КРЫЛЬЦО
ПРУД

47 - Beroepen #2

Ф	Х	И	З	О	Б	Р	Е	Т	А	Т	Е	Л	Ь	Б
П	И	У	Д	Р	О	Т	А	Р	Т	С	Ю	Л	Л	И
И	Ы	Л	Д	В	Ж	Ш	Л	Т	Ы	П	Я	Т	Ч	Б
Л	Р	Д	О	О	В	Ф	Ц	Е	Г	Р	Г	С	Ш	Л
О	Б	Н	Т	С	Ж	С	А	Д	О	В	Н	И	К	И
Т	Т	В	Т	Г	О	Н	Х	Ж	Л	И	Ц	В	Б	О
Х	Ю	В	М	О	И	Ф	И	Ь	О	Т	У	Г	Р	Т
Д	С	Ь	Ы	Л	У	Д	Ч	К	И	К	Ф	Н	Ь	Е
А	С	Т	Р	О	Н	А	В	Т	Б	Е	Т	И	Г	К
Х	Ь	Л	Е	Т	И	Ч	У	Я	М	Т	Ф	Л	Ш	А
И	Ф	Ч	Н	А	Х	А	Р	Т	Ц	Е	П	К	Е	Р
Р	У	Р	Е	М	Р	Е	Ф	С	Щ	Д	Ч	В	Н	Ь
У	В	Ф	Ж	О	Ф	О	Т	О	Г	Р	А	Ф	Р	Р
Р	Л	Р	Н	Т	В	Р	А	Ч	Е	Г	Я	О	Ф	Ю
Г	В	М	И	С	Ж	У	Р	Н	А	Л	И	С	Т	Г

ВРАЧ
АСТРОНАВТ
БИБЛИОТЕКАРЬ
БИОЛОГ
ФЕРМЕР
ХИРУРГ
ДЕТЕКТИВ
ФИЛОСОФ
ФОТОГРАФ
ИЛЛЮСТРАТОР
ИНЖЕНЕР
ЖУРНАЛИСТ
УЧИТЕЛЬ
ЛИНГВИСТ
ПИЛОТ
ХУДОЖНИК
СТОМАТОЛОГ
САДОВНИК
ИЗОБРЕТАТЕЛЬ

48 - Dagen en Maanden

С	П	Ч	Т	Ж	Е	П	Ю	Ь	М	С	Ы	Ц	И	Ц
Е	О	Я	П	Ч	Б	У	Ы	Ф	С	Б	У	Т	Ю	Щ
Н	Н	Н	Е	Д	Е	Л	Я	Ь	Р	Б	Я	О	Н	С
Т	Е	Ы	Щ	Р	Е	Ю	О	И	В	Ц	Ч	Ы	Ь	Щ
Я	Д	С	Ю	Ч	Ъ	Ь	Щ	Л	У	С	Ь	П	Р	К
Б	Е	Л	В	О	М	Ч	Е	Т	В	Е	Р	Г	А	А
Р	Л	Ч	Д	Ш	В	А	Д	Е	Р	С	Б	М	Д	С
Ь	Ь	Т	Д	Ф	Т	А	Р	Х	Х	Щ	Я	Е	Н	У
Б	Н	Л	К	М	О	К	В	Т	Т	Ч	Т	С	Е	Б
Р	И	А	Ю	С	Р	Ш	И	Г	Ш	Щ	К	Я	Л	Б
Г	К	А	Ц	И	Н	Т	Я	П	У	С	О	Ц	А	О
О	Г	Х	Щ	Ь	И	Д	Н	Б	П	С	П	В	К	Т
Д	Х	Ц	В	Ф	К	Х	Ц	Я	Р	Т	Т	Щ	М	А
Я	Н	В	А	Р	Ь	Л	А	Р	В	Е	Ф	Ч	Ц	Ж
В	О	С	К	Р	Е	С	Е	Н	Ь	Е	Б	П	Ч	Ж

АВГУСТ
ВТОРНИК
ЧЕТВЕРГ
ФЕВРАЛЬ
ГОД
ЯНВАРЬ
ИЮЛЬ
ИЮНЬ
КАЛЕНДАРЬ
МЕСЯЦ
ПОНЕДЕЛЬНИК
МАРТ
НОЯБРЬ
ОКТЯБРЬ
СЕНТЯБРЬ
ПЯТНИЦА
НЕДЕЛЯ
СРЕДА
СУББОТА
ВОСКРЕСЕНЬЕ

49 - Beeldende Kunsten

Ц	Ы	М	Е	Л	А	Ы	Ч	Е	Т	В	Т	А	Д	К
Ь	П	Е	Р	С	П	Е	К	Т	И	В	А	Ч	П	А
К	Т	Т	С	К	У	Л	Ь	П	Т	У	Р	А	Ж	Р
Е	Е	С	Г	Ч	Л	У	Ц	М	Ы	А	Т	А	Р	А
Р	Р	А	О	П	О	Р	Т	Р	Е	Т	К	Е	В	Н
А	А	К	И	Н	Ж	О	Д	У	Х	Ю	Е	Е	Я	Д
М	Ф	Д	И	Ш	В	А	Т	С	О	С	Л	П	К	А
И	А	Ф	Б	К	Ф	И	Л	Ь	М	В	О	С	К	Ш
К	Р	Р	У	Ч	К	А	Т	Н	Г	Л	И	Н	А	Б
А	Т	Ъ	М	Е	Е	Ш	П	А	А	Е	Ю	Ъ	Ъ	Т
У	Г	О	Л	Ь	П	Т	К	Ц	Е	Ж	Б	И	Ы	Щ
Ш	Е	Д	Е	В	Р	Ф	К	Т	М	Р	Х	У	Х	И
А	Р	Х	И	Т	Е	К	Т	У	Р	А	К	Л	У	У
О	М	О	Л	Ь	Б	Е	Р	Т	О	Г	А	Ь	А	И
Ф	О	Т	О	Г	Р	А	Ф	И	Я	С	К	С	П	К

АРХИТЕКТУРА
ХУДОЖНИК
СКУЛЬПТУРА
КРЕАТИВНОСТЬ
МОЛЬБЕРТ
ФИЛЬМ
ФОТОГРАФИЯ
УГОЛЬ
КЕРАМИКА
ГЛИНА
МЕЛ
ШЕДЕВР
РУЧКА
ПЕРСПЕКТИВА
ПОРТРЕТ
КАРАНДАШ
СОСТАВ
ТРАФАРЕТ
ЛАК
ВОСК

50 - Mode

Т	Ы	Б	О	Д	Ц	Ь	Н	А	К	Т	Щ	У	Т	У
У	Е	А	С	Ф	А	Л	Х	О	О	П	Х	Д	Е	Ф
Й	И	К	С	Е	Ч	И	Т	К	А	Р	П	О	Н	Ю
Ч	Щ	В	С	Б	С	Т	К	И	Т	У	Б	Б	Д	С
М	Ы	И	В	Т	Б	С	Ш	Р	Е	И	Х	Н	Е	О
М	Д	Ш	О	Т	У	Т	Д	П	У	Р	Ы	Ы	Н	В
Ш	Й	Ы	Н	М	О	Р	К	С	Е	Ж	Е	Й	Ц	Р
Х	А	В	Я	Ф	Н	Ч	А	А	Е	Ч	Е	Е	И	Е
М	Ж	Б	О	Д	Е	Ж	Д	А	Т	У	Ц	В	Я	М
С	С	Б	Л	А	Н	И	Г	И	Р	О	К	Ю	О	Е
О	Ш	С	А	О	Д	О	Р	О	Г	О	Й	Г	Г	Н
А	Т	Л	Й	Ы	Н	П	У	Т	С	О	Д	П	П	Н
К	Н	О	П	К	И	К	П	Р	О	С	Т	О	Й	Ы
К	Ф	Э	Л	Е	Г	А	Н	Т	Н	Ы	Й	Ю	Ф	Й
М	И	Н	И	М	А	Л	И	С	Т	Н	А	М	Х	Л

СКРОМНЫЙ
ДОСТУПНЫЙ
ВЫШИВКА
УДОБНЫЙ
ДОРОГОЙ
ПРОСТОЙ
ЭЛЕГАНТНЫЙ
КРУЖЕВО
ОДЕЖДА
КНОПКИ

МИНИМАЛИСТ
СОВРЕМЕННЫЙ
ОРИГИНАЛ
ШАБЛОН
ПРАКТИЧЕСКИЙ
СТИЛЬ
ТКАНЬ
ТЕКСТУРА
ТЕНДЕНЦИЯ
БУТИК

51 - Tuinieren

Д	Н	Ч	Ъ	У	Б	Й	К	Л	Д	А	С	Р	Ь	В
А	В	Ч	О	П	У	Ы	О	Ш	И	Р	Ч	Е	К	Ж
Г	Ю	Ш	Р	Я	К	Н	М	Л	В	С	Ч	М	С	Е
А	П	Ш	Е	С	Е	Ч	П	Ц	Л	А	Т	Ч	И	Щ
Л	Щ	Б	Н	В	Т	О	О	П	Г	Н	А	Л	Ш	Ц
В	И	К	Й	О	Г	Т	С	Г	С	Ф	М	Д	Ф	Н
Г	Д	С	Е	И	Н	Е	Т	Е	В	Ц	И	Ь	О	С
Р	У	Д	Т	Е	Ж	В	Х	И	С	У	Л	Щ	Ф	В
Я	Л	Ш	Н	В	Ь	Ц	П	Ш	Ж	О	К	Ы	Щ	П
З	Б	И	О	К	А	С	Е	З	О	Н	Н	Ы	Й	С
Ь	Й	И	К	С	Е	Ч	И	Т	О	З	К	Э	П	Е
Б	О	Т	А	Н	И	Ч	Е	С	К	И	Й	Ж	Ш	М
С	Ъ	Е	Д	О	Б	Н	Ы	Й	П	Е	И	Н	Л	Е
Ш	Я	С	П	Г	Ж	Ы	Ь	Р	К	Щ	И	Ш	Л	Н
Ц	О	Я	Ы	Е	Ц	Б	Я	Х	Б	К	Ш	Б	Ъ	А

ЛИСТ
ЦВЕТОЧНЫЙ
ЦВЕТЕНИЕ
ПОЧВА
БУКЕТ
САД
БОТАНИЧЕСКИЙ
КОМПОСТ
КОНТЕЙНЕР
СЪЕДОБНЫЙ
ЭКЗОТИЧЕСКИЙ
ЛИСТВА
КЛИМАТ
СЕЗОННЫЙ
ШЛАНГ
ВИД
ВЛАГА
ГРЯЗЬ
ВОДА
СЕМЕНА

52 - Menselijk Lichaam

С	В	В	М	Р	Р	Ж	Ж	Г	Д	Х	М	Г	Л	П
О	Е	У	Х	О	У	К	Е	Ы	В	Ч	Р	О	О	Л
Ф	Б	Р	Ц	А	К	У	Д	Л	Ж	В	М	Л	Д	Е
Т	Ш	Ъ	Д	Ч	А	Ч	М	М	У	И	Х	О	Ы	Ч
Н	Ч	А	Щ	Ц	О	П	Л	К	Д	Д	В	В	Ж	О
Ч	Л	И	К	Б	Е	Н	Ы	О	Ь	Ь	О	А	К	Ы
О	Д	Щ	Ъ	Ф	Д	О	Ъ	Д	И	Я	Г	К	А	Л
Ю	Д	Ю	Ч	Ф	Г	С	К	О	Д	Е	Ю	Ы	Г	М
Ь	К	У	М	Ю	Р	Щ	К	Р	Ш	Е	Я	З	О	Х
Ч	Е	Л	Ю	С	Т	Ь	О	О	О	Я	П	Я	Н	В
Ш	У	Т	П	Ж	О	Т	Л	Б	О	В	Д	П	А	Щ
М	О	З	Г	Ф	Р	О	Е	Д	К	С	Ь	А	В	Ч
Х	Ч	Н	Р	А	Л	К	Н	О	О	Ц	Л	Л	О	О
Е	Ш	Н	Ы	Ю	Г	О	О	П	Ж	Е	Б	Е	Д	Я
Г	Ь	О	Ж	А	Д	Л	Н	Ъ	А	Р	Ъ	Ц	Р	Ч

НОГА
КРОВЬ
ЛОКОТЬ
ЛОДЫЖКА
РУКА
СЕРДЦЕ
МОЗГ
ГОЛОВА
КОЖА
ЧЕЛЮСТЬ
ПОДБОРОДОК
КОЛЕНО
ЖЕЛУДОК
РОТ
ШЕЯ
НОС
УХО
ПЛЕЧО
ЯЗЫК
ПАЛЕЦ

53 - Familie

П	Р	Е	Д	О	К	Х	Ъ	Ч	Ы	Т	Н	У	Ы	Е
Е	Л	Ц	Ы	В	П	Щ	Б	Ж	Ю	Ф	Щ	Ь	О	О
К	Я	Ж	У	Д	Е	Т	С	Т	В	О	Д	Т	Т	Т
Д	Я	Д	Я	С	А	Б	А	Б	У	Ш	К	А	Е	Ц
А	Н	Ы	Р	Ь	Ц	Ш	У	Н	Ж	Е	Ы	М	Ц	О
Ч	У	Ц	Л	Л	И	И	Ж	Р	Е	Х	К	Ж	Г	В
П	Л	Е	М	Я	Н	Н	И	К	Е	Ж	У	М	Д	С
Е	Ь	Н	У	Т	Н	В	Т	Н	Ж	Б	Х	Г	И	К
Ю	Я	З	Ч	Е	Я	Н	Д	Я	Ю	Н	Е	М	Ь	И
А	Ч	И	Г	Т	М	У	Ф	Е	Х	Б	Х	Н	Ч	Й
Я	Ч	Л	Б	Х	Е	К	П	Л	Т	Д	Е	Д	О	Ц
Х	Ъ	Б	С	Д	Л	Н	С	А	А	И	И	Щ	Д	К
Ч	Щ	М	Ы	В	П	Х	Ч	А	Р	Т	С	Е	С	Я
Н	Ь	И	О	И	М	Б	Н	П	Б	П	Б	Н	Ы	Е
М	С	Ф	Т	Я	Ц	Я	В	Щ	Ч	Я	Ю	Ц	Ч	И

БРАТ
ДОЧЬ
БАБУШКА
ДЕТСТВО
РЕБЕНОК
ДЕТИ
ВНУК
МУЖ
МАТЬ
ПЛЕМЯННИК
ПЛЕМЯННИЦА
ДЯДЯ
ДЕД
ТЕТЯ
БЛИЗНЕЦЫ
ОТЕЦ
ОТЦОВСКИЙ
ПРЕДОК
ЖЕНА
СЕСТРА

54 - Gebouwen

Г	А	Р	А	Ж	Х	Ф	Т	Ф	Ь	С	С	Ъ	О	Т
Ю	Н	П	М	А	Ь	Я	Е	У	Ы	Л	С	К	Т	Е
А	Р	Р	Ш	К	О	Л	А	Р	Г	Ч	Т	В	Е	А
Ш	Б	А	Ш	Н	Я	М	Щ	Я	М	Ю	А	А	Л	Т
Ь	Я	Ч	Б	К	И	Н	О	В	А	А	Д	Р	Ь	Р
Я	Ю	Д	Д	М	З	А	М	О	К	Т	И	Т	Ш	Ш
П	Ц	Ь	Л	Й	А	Х	П	Я	Г	Ъ	О	И	Б	Т
У	Н	И	В	Е	Р	С	И	Т	Е	Т	Н	Р	Д	Ч
О	Б	Н	Я	З	Е	Х	Ю	Я	П	Т	Ю	А	Д	Р
Ч	О	Ы	Ь	У	П	О	С	О	Л	Ь	С	Т	В	О
Я	Б	Ч	И	М	Я	Ъ	О	У	Щ	З	Щ	Ф	Б	Ю
С	У	П	Е	Р	М	А	Р	К	Е	Т	А	Р	Щ	Ф
Х	Л	А	Б	О	Р	А	Т	О	Р	И	Я	В	О	И
О	Б	С	Е	Р	В	А	Т	О	Р	И	Я	Ш	О	Ю
Ъ	М	Ж	Ы	П	А	Л	А	Т	К	А	Д	И	С	Д

ПОСОЛЬСТВО
КВАРТИРА
КИНО
ФЕРМА
ЗАВОД
ГАРАЖ
ОТЕЛЬ
ЗАМОК
ЛАБОРАТОРИЯ
МУЗЕЙ
ОБСЕРВАТОРИЯ
ШКОЛА
АМБАР
СТАДИОН
СУПЕРМАРКЕТ
ПАЛАТКА
ТЕАТР
БАШНЯ
УНИВЕРСИТЕТ

55 - Beroepen #1

В	В	П	И	А	Н	И	С	Т	Х	М	Ъ	К	Р	Б
С	Е	О	Ю	Ш	К	В	Ц	Л	Л	Ш	Ф	И	Ф	А
П	Р	Т	Д	В	А	Ж	Г	Я	А	Ь	А	Ъ	А	Н
О	Е	А	Е	О	Ю	Ю	М	И	Т	К	Р	М	Р	К
Р	Д	К	У	Р	П	Ч	Ю	Ч	Л	А	Г	С	М	И
Т	А	О	Ч	И	И	Р	Т	А	Н	Ц	О	Р	А	Р
С	К	В	Е	Л	Щ	Н	О	Р	Т	С	Т	Т	Ц	М
М	Т	Д	Н	Е	А	К	А	В	Л	К	Р	Д	Е	У
Е	О	А	Ы	В	Ч	И	Г	Р	О	Ю	А	Я	В	З
Н	Р	Л	Й	Ю	Т	Н	К	Н	С	Д	К	Л	Т	Ы
М	Е	Д	С	Е	С	Т	Р	А	О	Я	Ч	Б	Ь	К
У	Т	Х	И	Я	Ъ	О	Я	Ж	П	П	Щ	И	Х	А
Б	Д	Г	О	Л	О	Х	И	С	П	В	П	А	К	Н
Ц	Ь	Ш	Щ	Х	Г	О	Л	О	Е	Г	А	К	А	Т
Д	Ж	А	С	Т	Р	О	Н	О	М	Ь	К	Х	Я	Ь

АДВОКАТ
ПОСОЛ
ФАРМАЦЕВТ
АСТРОНОМ
СПОРТСМЕН
БАНКИР
КАРТОГРАФ
ТАНЦОР
ВЕТЕРИНАР
ВРАЧ
РЕДАКТОР
ГЕОЛОГ
ОХОТНИК
ЮВЕЛИР
ВОДОПРОВОДЧИК
МУЗЫКАНТ
ПИАНИСТ
ПСИХОЛОГ
МЕДСЕСТРА
УЧЕНЫЙ

56 - Antarctica

П	И	Н	Г	В	И	Н	Ы	О	Ч	Щ	Г	М	Ь	Ю
Х	Я	У	Р	М	У	В	Ш	С	Ь	Г	Г	Щ	Л	Д
С	Н	К	Ч	М	Л	Н	М	Т	Д	А	С	Ц	Е	Ю
Щ	К	Л	Е	Д	Ы	Л	А	Р	Е	Н	И	М	Т	В
Г	К	А	К	К	Б	Ь	Б	О	Д	Ю	Ж	Е	А	О
Е	О	Р	Л	В	И	Д	Я	В	И	Л	А	З	В	Р
О	Н	У	М	И	Я	И	Ф	А	Р	Г	О	П	О	Т
Г	Т	Т	Л	И	С	Я	Б	Я	Д	О	Р	Л	Д	С
Р	И	А	В	А	Г	Т	Н	Ш	Р	О	Щ	Е	Е	О
А	Н	Р	И	Ъ	Р	Р	Ы	Х	О	Ъ	В	Д	Л	У
Ф	Е	Е	Ч	С	Ж	Ь	А	Й	Ы	И	П	Н	С	Л
И	Н	П	М	Е	Д	Ф	Г	Ц	Д	Н	Л	И	С	О
Я	Т	М	О	У	О	Р	Т	Т	И	А	Ж	К	И	П
Х	М	Е	Н	А	У	Ч	Н	Ы	Й	Я	Н	И	И	П
Ч	В	Т	Э	К	С	П	Е	Д	И	Ц	И	Я	Б	Ф

ЗАЛИВ
КОНТИНЕНТ
ОСТРОВА
ЭКСПЕДИЦИЯ
ГЕОГРАФИЯ
ЛЕДНИКИ
ЛЕД
МИГРАЦИЯ
МИНЕРАЛЫ
ИССЛЕДОВАТЕЛЬ
ПИНГВИНЫ
СКАЛИСТЫЙ
ПОЛУОСТРОВ
ВИД
ТЕМПЕРАТУРА
ТОПОГРАФИЯ
ВОДА
НАУЧНЫЙ

57 - Ballet

В	А	Г	Л	Р	Я	А	Г	Ъ	Ф	Б	А	Ю	Г	У
И	Ы	И	Я	И	Ф	А	Р	Г	О	Е	Р	О	Х	Р
Н	А	Р	В	Т	Т	Е	Х	Н	И	К	А	Ц	Ъ	О
Т	П	О	А	М	А	У	Д	И	Т	О	Р	И	Я	К
Е	Л	Т	Ф	З	К	К	Д	У	С	Л	Ц	Я	Н	И
Н	О	И	Ь	А	И	Р	Ы	Х	Е	О	Ы	У	Т	Я
С	Д	З	Х	Р	Т	Т	Е	З	Ж	С	И	Ъ	А	Ю
И	И	О	О	Р	К	С	Е	П	У	Щ	Г	Ш	Н	А
В	С	П	Х	О	А	Е	Н	Л	Е	М	В	Р	Ц	С
Н	М	М	Н	М	Р	К	Ц	Р	Ь	Т	Ш	Ы	О	Т
О	Е	О	С	М	П	Р	П	П	М	Н	И	О	Р	И
С	Н	К	С	В	С	О	Ю	У	Ч	Е	Ы	Ц	Ы	Л
Т	Т	Я	Б	А	Л	Е	Р	И	Н	А	Е	Й	И	Ь
Ь	Ы	Ц	Ш	Ы	М	Щ	Ц	Л	Л	Ы	Р	Л	А	Я
Ъ	К	Н	А	В	Ы	К	Ч	Р	В	О	И	Д	Н	П

АПЛОДИСМЕНТЫ
БАЛЕРИНА
ХОРЕОГРАФИЯ
КОМПОЗИТОР
ТАНЦОРЫ
ВЫРАЗИТЕЛЬНЫЙ
ЖЕСТ
ИНТЕНСИВНОСТЬ
УРОКИ
МУЗЫКА
ОРКЕСТР
ПРАКТИКА
АУДИТОРИЯ
РЕПЕТИЦИЯ
РИТМ
СОЛО
МЫШЦЫ
СТИЛЬ
ТЕХНИКА
НАВЫК

58 - Vissen

Т	Л	О	Д	К	А	П	П	Е	С	Ы	Р	Ы	Щ	П
С	Е	Т	Е	Ю	Х	Ы	Р	Б	А	Ж	Е	Ъ	О	Л
Ф	И	Р	Т	Р	А	Х	Ь	И	К	Л	К	Ч	Л	А
Щ	Щ	А	П	К	Ъ	Р	Т	Ы	М	Ш	А	К	В	В
Ы	Ъ	О	П	Е	Ч	В	С	Н	К	А	О	Н	Ж	Н
Ъ	С	Л	О	Х	Н	А	Ю	О	Е	Н	Н	Г	Г	И
Е	Ж	П	В	Ы	А	И	Л	Ж	Ю	И	И	К	Т	К
Х	Б	Е	А	К	Е	Ц	Е	Ж	М	З	В	Ь	А	И
Ъ	Д	Щ	Р	У	К	Ю	Ч	Ь	Р	Р	Т	Е	М	Ч
П	Л	Я	Ж	Ч	О	Х	Л	Д	Н	О	З	Е	С	Ш
А	Л	О	С	Ф	Р	Ь	М	И	Ъ	К	О	Я	В	Ц
П	Р	Е	У	В	Е	Л	И	Ч	Е	Н	И	Е	О	Б
Л	Г	П	А	Х	З	Ы	А	О	Т	Ш	Ц	Ч	Д	С
С	О	Ю	Е	Б	О	Ъ	П	Р	О	В	О	Д	А	Х
Щ	Ц	Л	О	Б	О	Р	У	Д	О	В	А	Н	И	Е

ПРИМАНКА
ОБОРУДОВАНИЕ
ЛОДКА
ПРОВОД
ТЕРПЕНИЕ
ВЕС
КРЮК
ЧЕЛЮСТЬ
ЖАБРЫ
ПОВАР
КОРЗИНА
ОЗЕРО
ОКЕАН
ПРЕУВЕЛИЧЕНИЕ
РЕКА
СЕЗОН
ПЛЯЖ
ПЛАВНИКИ
ВОДА

59 - Fruit

О	М	Ч	В	Р	Ы	А	Ъ	О	Я	Б	Л	О	К	О
Ц	О	А	Щ	У	К	Ш	А	М	Щ	М	Ю	П	Д	Б
Д	П	Е	Р	С	И	К	М	Ш	Р	О	В	М	Б	Ю
А	Ш	У	Р	Г	В	Ы	О	Д	А	К	О	В	А	Д
Р	Н	Н	О	Н	И	Р	Ъ	Я	Б	Н	Д	П	Щ	О
Г	П	А	Е	Ц	К	Л	Р	Ф	Р	Г	И	Л	А	С
О	Р	Д	Н	К	Ъ	Я	Н	Ш	И	В	Р	Л	Ф	М
Н	Н	О	С	А	Т	Й	Ж	Я	К	Н	К	Ч	А	Щ
И	К	Г	Ч	Щ	С	А	А	Я	О	Ь	Р	О	Щ	М
В	Ъ	Я	Щ	Л	О	П	Р	Б	С	Я	Л	Н	Ь	В
Б	А	Н	А	Н	К	А	Ж	И	Р	Ч	И	К	П	Ы
С	Л	И	В	А	О	П	О	Г	Н	А	М	Г	П	Ч
С	В	О	Ю	Л	К	Ы	М	И	О	О	О	Ц	К	М
Д	Ы	Н	Я	Ъ	Щ	Й	Ы	В	Е	Ж	Н	А	Р	О
Д	Ы	Д	Ц	Ш	Ш	Л	Е	Б	П	И	Х	Д	Ы	Щ

АБРИКОС
АНАНАС
ЯБЛОКО
АВОКАДО
БАНАН
ЯГОДА
ЛИМОН
ВИНОГРАД
МАЛИНА
ВИШНЯ
КИВИ
КОКОС
МАНГО
ДЫНЯ
НЕКТАРИН
ОРАНЖЕВЫЙ
ПАПАЙЯ
ГРУША
ПЕРСИК
СЛИВА

60 - Engineering

У	И	Р	Т	Ш	Ф	Е	И	Н	Е	Р	Е	М	З	И
Р	Ю	Е	Ы	Ъ	Ю	Ъ	Х	Г	Ч	У	И	Я	Ф	А
О	А	Ш	Ч	Е	Ш	В	Р	А	Щ	Е	Н	И	Е	Ъ
М	Т	С	Д	И	А	М	Е	Т	Р	Щ	Е	Г	Г	Ф
А	Р	Р	Ч	Ъ	К	М	Е	Р	О	К	Ж	Р	А	Ь
Ш	Е	Х	И	Е	О	О	С	И	Т	Н	И	Е	О	Т
И	Н	И	Ю	Ф	Т	О	У	Ш	О	М	В	Н	Ф	С
Н	И	Н	И	П	П	Ш	Ш	Р	М	Л	Д	Э	Н	О
А	Е	С	Т	А	Б	И	Л	Ь	Н	О	С	Т	Ь	К
Г	Л	У	Б	И	Н	А	М	М	А	Р	Г	А	И	Д
Ъ	О	В	Т	С	Ь	Л	Е	Т	И	О	Р	Т	С	И
М	Г	Я	О	Ы	Ф	Г	Г	Ъ	Т	К	Ы	Н	Щ	Ж
О	У	Б	Х	О	О	С	Ь	Л	Е	З	И	Д	Я	Т
Р	А	С	П	Р	Е	Д	Е	Л	Е	Н	И	Е	Н	Я
С	И	Л	А	Ж	Б	С	Т	Р	У	К	Т	У	Р	А

ОСЬ
РАСЧЕТ
ДВИЖЕНИЕ
СТРОИТЕЛЬСТВО
ДИАГРАММА
ДИАМЕТР
ГЛУБИНА
ДИЗЕЛЬ
РАСПРЕДЕЛЕНИЕ
ЭНЕРГИЯ
УГОЛ
СИЛА
МАШИНА
ИЗМЕРЕНИЕ
МОТОР
ВРАЩЕНИЕ
СТАБИЛЬНОСТЬ
СТРУКТУРА
ЖИДКОСТЬ
ТРЕНИЕ

61 - Literatuur

Ь	Я	О	Ш	О	Ъ	Г	А	М	Ь	Х	Н	Р	Е	Ж
Е	И	Н	Е	Ч	Ю	Л	К	А	З	И	Л	А	Н	А
И	Д	А	А	О	Я	Ц	И	Р	И	Т	М	Т	Я	Б
Н	Е	М	Ю	П	Ю	Ц	Т	И	Ф	С	Ч	В	И	Е
Е	Г	О	О	И	С	Я	Э	О	Ч	Ь	У	У	Г	Н
Н	А	Р	М	С	А	Ц	О	Ы	Д	Г	М	О	О	Б
В	Р	М	Ю	А	Ф	В	П	Е	Ъ	К	Х	У	Л	И
А	Т	М	Ф	Н	Ф	У	Т	Г	В	Т	Е	М	А	О
Р	А	Е	Ч	И	Т	Р	Л	О	Х	Ы	И	Н	Н	Г
С	М	Т	П	Е	Р	Е	Ь	Л	Р	У	Н	Л	А	Р
О	С	А	Е	Х	К	Ы	Т	А	А	Ъ	Е	Б	О	А
В	Д	Ф	Ш	П	Ф	С	Т	И	Л	Ь	Н	Т	Щ	Ф
Н	Р	О	Ы	Ц	Д	Е	Н	Д	Ы	И	М	Х	Н	И
Н	П	Р	Р	А	С	С	К	А	З	Ч	И	К	Ь	Я
А	У	А	Ы	У	Щ	Ъ	И	Н	Ы	Ь	Р	Н	Ф	Ч

АНАЛОГИЯ
АНАЛИЗ
АНЕКДОТ
АВТОР
БИОГРАФИЯ
ЗАКЛЮЧЕНИЕ
ДИАЛОГ
СТИХ
МНЕНИЕ
МЕТАФОРА
ОПИСАНИЕ
ПОЭТИКА
РИФМА
РИТМ
РОМАН
СТИЛЬ
ТЕМА
ТРАГЕДИЯ
СРАВНЕНИЕ
РАССКАЗЧИК

62 - Boeken

А	Ь	К	Ю	Ж	Ы	М	Ф	Ш	Я	Ф	О	У	К	Л
В	О	К	Й	С	Т	Р	А	Н	И	Ц	А	М	О	И
Т	Р	Р	Ш	И	С	А	Н	А	З	Ы	Х	Е	Л	Т
О	Ъ	И	О	А	К	Х	Ф	М	Э	М	И	С	Л	Е
Р	Ъ	И	И	Р	Е	С	А	О	О	Е	Д	Т	Е	Р
Ч	К	Ш	Х	Б	Т	Ч	Е	Р	П	И	Я	Н	К	А
Ы	Ф	Д	И	Ъ	Н	Е	Ы	Ч	А	М	А	Ы	Ц	Т
С	Л	О	В	А	О	Ч	Ь	Н	И	К	Н	Й	И	У
У	Ы	А	Ч	Б	К	Ю	Ф	Е	Г	П	Т	Ь	Я	Р
П	Р	А	С	С	К	А	З	Ч	И	К	Э	Е	Ж	Н
Н	А	П	И	С	А	Н	О	Ш	Щ	Х	Ю	Р	Р	Ы
И	С	Т	О	Р	И	Ч	Е	С	К	И	Й	Р	Ч	Й
И	С	Т	О	Р	И	Я	Ь	Л	Е	Т	А	Т	И	Ч
В	О	П	Б	Х	У	Р	И	Н	Ю	С	Г	Ф	Р	Х
П	Р	И	К	Л	Ю	Ч	Е	Н	И	Е	Ж	Х	Л	У

АВТОР
ПРИКЛЮЧЕНИЕ
СТРАНИЦА
КОЛЛЕКЦИЯ
КОНТЕКСТ
ЭПИЧЕСКИЙ
СТИХ
НАПИСАНО
ИСТОРИЧЕСКИЙ
ХАРАКТЕР
ЧИТАТЕЛЬ
ЛИТЕРАТУРНЫЙ
ПОЭЗИЯ
УМЕСТНЫЙ
РОМАН
СЕРИИ
ИСТОРИЯ
РАССКАЗЧИК
СЛОВА

63 - Meer Informatie

Д	Ъ	П	С	Ю	Д	Д	К	Л	Ъ	Ч	Ц	Ф	А	Э
Р	Ж	О	Ц	Ы	Х	П	Л	Г	Г	С	В	М	Ф	К
И	Ф	П	Е	Т	В	Х	О	Н	И	К	Ф	Ч	Я	С
Л	Ч	Ж	Н	Я	У	Т	Н	Д	У	Ь	М	Ы	У	Т
Л	Х	С	А	К	П	Ъ	Ы	Т	О	Б	О	Р	Т	Р
Ю	Ц	Ь	Р	Г	А	Л	А	К	Т	И	К	А	Я	Е
З	Н	Я	И	П	О	Т	У	И	Т	Н	А	Л	В	М
И	К	Я	Й	Б	Р	Е	В	З	Р	Ы	В	Б	П	А
Я	Т	А	И	Н	С	Т	В	Е	Н	Н	Ы	Й	Л	Л
Ю	А	Ь	Г	П	Е	В	У	О	Ы	У	У	Р	А	Ь
А	Х	В	И	О	О	Т	Ш	Ю	Р	Ц	Ц	Р	Н	Н
Ъ	Й	Ы	Н	Ч	И	Т	С	И	Л	А	Е	Р	Е	Ы
Т	Р	Н	К	М	И	Р	У	В	Х	Ф	К	У	Т	Й
В	О	О	Б	Р	А	Ж	А	Е	М	Ы	Й	У	А	Т
О	Г	О	Н	Ь	А	Т	О	М	Н	Ы	Й	У	Л	Т

АТОМНЫЙ
КИНО
КНИГИ
ОГОНЬ
ВООБРАЖАЕМЫЙ
АНТИУТОПИЯ
ВЗРЫВ
ЭКСТРЕМАЛЬНЫЙ
ИЛЛЮЗИЯ
КЛОНЫ
ТАИНСТВЕННЫЙ
ОРАКУЛ
ПЛАНЕТА
РЕАЛИСТИЧНЫЙ
РОБОТЫ
СЦЕНАРИЙ
ГАЛАКТИКА
УТОПИЯ
МИР

64 - Haartypes

К	П	Л	Е	Т	Е	Н	Ы	Й	Ч	С	К	Б	О	О
Я	У	К	О	Р	О	Т	К	А	Я	К	У	Л	Л	Ч
Й	К	Д	Ч	Е	Р	Н	Ы	Й	С	А	Д	Е	П	А
О	А	М	Р	Я	И	Ц	Р	К	Д	Л	Р	С	Ы	Ц
Н	Д	О	Й	И	К	Г	Я	М	Ж	Ь	Я	Т	С	М
Т	О	Н	К	И	Й	Ы	Л	Е	Б	П	В	Я	Ъ	Ю
Е	Ц	Ф	Й	Л	Ы	С	И	Щ	А	Д	Ы	Щ	А	Я
В	Щ	Ю	Ы	В	С	Б	Е	Б	П	К	Й	И	А	Н
Ц	Д	Ы	В	Д	Ы	У	Т	Р	У	И	П	Й	Б	Т
С	У	Х	О	Й	Л	Х	Л	И	Е	Б	И	Ъ	Л	О
У	Л	Щ	Р	Ы	Х	И	Г	Н	Е	Б	Р	Ч	О	Л
Е	Щ	Г	О	Р	Ц	П	Н	М	Щ	Щ	Р	Б	Н	С
Ю	К	Е	Д	Е	М	М	Ь	Н	Г	Я	Ш	О	Д	Т
Д	Ь	К	З	С	Ы	Ч	Б	Ъ	Ы	Ь	А	В	И	Ы
К	О	Р	И	Ч	Н	Е	В	Ы	Й	Й	Ф	Ю	Н	Й

БЛОНДИН
КОРИЧНЕВЫЙ
ТОЛСТЫЙ
СУХОЙ
ТОНКИЙ
ЦВЕТНОЙ
ПЛЕТЕНЫЙ
ЗДОРОВЫЙ
БЛЕСТЯЩИЙ
СЕРЫЙ
СКАЛЬП
ЛЫСЫЙ
КОРОТКАЯ
КУДРИ
КУДРЯВЫЙ
ДЛИННЫЙ
БЕЛЫЙ
МЯГКИЙ
СЕРЕБРО
ЧЕРНЫЙ

65 - Stad

А	А	Я	Й	Т	С	И	Р	О	Л	Ф	С	Ж	С	С
А	П	Т	Е	К	А	А	Ы	Щ	Е	Р	У	Г	Т	И
П	И	Р	З	Р	Ф	К	Н	Н	П	О	П	Т	А	М
Я	П	О	У	С	Е	О	О	И	Е	К	Е	Е	Д	А
Ж	Ж	П	М	Р	О	Л	К	З	К	И	Р	Т	И	Б
Х	Ъ	О	Х	Ф	Т	Е	А	А	А	Н	М	И	О	И
У	Ю	Р	К	Ц	Е	Б	Ц	Г	Р	О	А	С	Н	Б
Л	Ь	Э	Ъ	Ъ	Л	Ь	Л	А	Н	И	Р	Р	Т	Л
З	А	А	Я	Л	Ь	У	Ю	М	Я	Ю	К	Е	Е	И
О	Г	Ж	В	Д	О	Н	Я	Ш	Ш	О	Е	В	А	О
О	А	Р	Л	Ь	А	У	А	Е	Ф	Н	Т	И	Т	Т
П	Б	А	Н	К	Р	Е	С	Т	О	Р	А	Н	Р	Е
А	Х	Т	Л	Т	П	Я	Ш	К	О	Л	А	У	Я	К
Р	Я	К	Ш	М	Е	Я	Ф	М	Н	Е	Ч	Я	М	А
К	Р	Ч	Г	К	Л	И	Н	И	К	А	Щ	Г	Г	Д

АПТЕКА
ПЕКАРНЯ
БАНК
БИБЛИОТЕКА
КИНО
ФЛОРИСТ
ЗООПАРК
ГАЛЕРЕЯ
ОТЕЛЬ
КЛИНИКА
АЭРОПОРТ
РЫНОК
МУЗЕЙ
РЕСТОРАН
ШКОЛА
СТАДИОН
СУПЕРМАРКЕТ
ТЕАТР
УНИВЕРСИТЕТ
МАГАЗИН

66 - Natuur

Е	Щ	И	Л	И	Т	Я	В	С	Я	Ч	Л	Д	У	Ж
Т	П	Я	И	З	О	Р	Э	Ш	Г	С	Щ	И	К	Ж
Р	У	Н	С	С	К	А	Л	Ы	О	Ю	Я	Н	Р	И
О	Д	Ы	Т	П	Ч	Е	Л	Ы	Ц	Ч	Я	А	Ы	В
П	В	Т	В	Л	Ю	Н	Д	Й	Т	Ж	Б	М	Т	О
И	Ь	С	А	К	Е	Р	Й	Ы	Р	О	Г	И	И	Т
Ч	Ь	У	Т	Ч	Ы	К	И	Н	Д	Е	Л	Ч	Е	Н
Е	Г	П	О	Г	Н	Е	К	Ж	И	Х	А	Е	Н	Ы
С	Г	Ч	С	Ь	Т	Е	И	Е	А	Ф	Л	С	Д	Е
К	Т	Ф	А	Ь	Я	Д	Д	Т	В	И	Ч	К	О	С
И	У	Е	Р	У	М	Л	Н	Я	А	Ы	Ш	И	Г	С
Й	М	Д	К	Ф	Б	О	Е	М	Б	Ы	Ж	Й	Щ	Х
Л	А	К	А	Л	Б	О	Л	З	Р	С	В	Ы	К	Ъ
Х	Н	Ы	Х	Й	И	К	С	Е	Ч	И	Т	К	Р	А
Д	К	Х	Т	Ш	У	Ч	К	Б	С	В	Ш	Р	М	Д

АРКТИЧЕСКИЙ
ГОРЫ
ПЧЕЛЫ
ЛЕС
ЖИВОТНЫЕ
ДИНАМИЧЕСКИЙ
ЭРОЗИЯ
ЛИСТВА
ЛЕДНИК
СВЯТИЛИЩЕ
СКАЛЫ
ТУМАН
РЕКА
КРАСОТА
УКРЫТИЕ
БЕЗМЯТЕЖНЫЙ
ТРОПИЧЕСКИЙ
ДИКИЙ
ПУСТЫНЯ
ОБЛАКА

67 - Zoogdieren

А	Р	Ь	Ж	С	Д	К	М	Т	О	Й	О	К	Ь	Б
Л	К	Ы	Б	О	Б	Р	Д	П	Б	О	Ы	Г	Ц	Ч
Л	О	Г	Щ	Ю	К	Ы	У	Ы	Е	К	Я	П	Ф	М
И	Щ	Ш	К	Р	О	Л	И	К	З	М	Д	Г	П	Ш
Р	Н	Ф	А	Ь	К	Г	О	П	Ь	С	О	А	О	Ц
О	Л	Х	Ч	Д	Е	Е	Н	С	Я	Ж	Д	К	Щ	Х
Г	Ц	А	Н	Б	Ь	А	Н	Д	Н	Н	О	Ъ	Ю	Ч
Ч	О	У	В	Ъ	В	Р	Е	Г	А	К	А	Б	О	С
К	Н	М	У	Ю	Н	Ы	Щ	Д	У	С	У	Я	Ь	Г
Я	В	Х	И	О	О	Ш	О	Е	Ы	Р	В	О	Л	К
Ю	В	Е	Р	Б	Л	Ю	Д	Л	С	Д	У	О	О	В
С	Ч	Б	Л	Е	С	О	С	Ь	Р	С	Л	А	О	Ы
Р	Ь	Т	И	К	У	С	Д	Ф	А	Р	И	Ж	Р	Ш
А	Ь	Ж	С	Г	Х	Т	Ж	И	К	О	Ш	К	А	Г
Ъ	У	Я	А	З	О	К	Б	Н	Х	С	Ъ	Т	Е	Б

ОБЕЗЬЯНА
БОБР
КОЙОТ
ДЕЛЬФИН
ОСЕЛ
КОЗА
ЖИРАФ
ГОРИЛЛА
СОБАКА
ВЕРБЛЮД
КЕНГУРУ
КОШКА
КРОЛИК
ЛЕВ
СЛОН
ЛОШАДЬ
БЫК
ЛИСА
КИТ
ВОЛК

68 - Overheid

Б	В	Ч	В	Щ	Х	О	П	Ц	С	Д	З	Г	Г	О
А	Н	Ж	Т	Щ	Д	П	М	У	У	Е	А	Р	Р	Б
А	К	Ь	М	И	Р	Н	Ы	Й	Д	М	К	А	А	С
Л	И	Д	Е	Р	Р	С	Ф	У	Е	О	О	Ж	Ж	У
О	Н	Г	Х	О	А	В	С	М	Б	К	Н	Д	Д	Ж
В	Т	А	Я	В	Й	О	Л	Ф	Н	Р	И	А	А	Д
М	Я	Щ	Ц	С	О	Б	Ь	В	Ы	А	Ы	Н	Н	Е
И	М	Ю	А	И	Н	О	Ч	Ж	Й	Т	Д	С	С	Н
С	А	О	Д	П	Я	Д	Е	Ж	Н	И	Б	К	Т	И
Ъ	П	Ч	Ь	А	В	А	Р	П	Ч	Я	С	И	В	Е
Г	О	С	У	Д	А	Р	С	Т	В	О	Ч	Й	О	Ч
Б	К	О	Н	С	Т	И	Т	У	Ц	И	Я	Я	Ч	Ь
П	О	Л	И	Т	И	К	А	Я	И	Б	П	Л	Ш	П
Р	А	В	Е	Н	С	Т	В	О	Б	Ж	Ч	Ж	С	И
А	Ф	Ю	Н	А	Ц	И	О	Н	А	Л	Ь	Н	Ы	Й

ГРАЖДАНСТВО
ГРАЖДАНСКИЙ
ДЕМОКРАТИЯ
ОБСУЖДЕНИЕ
РАВЕНСТВО
СУДЕБНЫЙ
КОНСТИТУЦИЯ
ЛИДЕР
ПАМЯТНИК
НАЦИЯ
НАЦИОНАЛЬНЫЙ
ПОЛИТИКА
ПРАВА
МИРНЫЙ
ГОСУДАРСТВО
СИМВОЛ
РЕЧЬ
СВОБОДА
ЗАКОН
РАЙОН

69 - Voertuigen

Ы	Н	И	Ш	Ч	Ф	Ъ	И	Ю	Д	В	Л	Ф	С	Ч
Ш	Н	Ы	С	Д	С	Л	Ж	Ъ	Ш	П	М	У	К	Е
А	А	С	Ж	К	Е	Л	Л	Т	М	Х	О	Р	У	Л
С	В	У	Ъ	Я	А	К	Д	О	Л	Ж	Т	Г	Т	Н
Ы	А	Т	В	Е	Р	Т	О	Л	Е	Т	О	О	Е	О
К	Р	М	О	Р	А	П	Р	П	Х	В	Р	Н	Р	К
П	А	Р	О	М	К	Я	Т	Е	Я	С	Р	Ю	Щ	И
О	К	Н	Е	Л	О	Д	Е	П	И	С	О	Л	Е	В
Е	А	К	Ю	Т	Е	Б	М	О	Р	К	Т	Г	Ф	О
З	С	П	Т	Х	У	Т	И	А	Н	В	К	Щ	Ю	З
Д	Ч	Ц	П	Ж	К	У	Ф	Л	У	Щ	А	Б	Т	У
П	А	В	Т	О	Б	У	С	Ф	Ь	Ж	Р	Я	Б	Р
Р	А	К	Е	Т	А	Д	Ф	Б	Ш	Ц	Т	Г	Л	Г
А	А	С	П	Ц	К	Р	Ч	Ы	Ъ	Д	М	А	Т	Р
Ы	М	И	Ж	П	Ф	Ш	Ю	Ц	К	В	Я	Г	М	Д

АВТОМОБИЛЬ
ШИНЫ
ФУРГОН
ЛОДКА
АВТОБУС
КАРАВАН
ВЕЛОСИПЕД
ВЕРТОЛЕТ
МЕТРО
МОТОР
РАКЕТА
СКУТЕР
ЧЕЛНОК
ТАКСИ
ТРАКТОР
ПОЕЗД
ПАРОМ
САМОЛЕТ
ПЛОТ
ГРУЗОВИК

70 - Geografie

М	Е	Р	И	Д	И	А	Н	В	О	Щ	Д	А	Ш	М
У	Р	Е	Ц	Ъ	Ф	Т	Я	С	З	К	Н	Т	П	О
Ю	Ш	В	Ц	Г	Ж	О	И	Ш	А	К	Е	Р	У	Р
Е	Ы	Е	Р	У	Е	Р	И	М	П	Л	Щ	А	Ф	Е
П	О	С	П	Ы	Ю	И	П	О	А	Ы	Т	К	Н	Н
Л	П	Н	Е	Т	С	Ш	О	Ж	Д	Н	Ъ	А	Щ	Х
К	Р	Ф	Ъ	Г	Ь	Ж	Л	Ы	Ы	Ч	Щ	Е	И	С
В	О	Р	Т	С	О	В	У	Х	В	Л	Ш	И	А	С
Л	Т	Н	С	А	И	Я	С	Ы	П	Ц	И	О	П	Ц
Х	А	О	Т	С	Ю	Т	Ф	Ф	Щ	А	Я	Ц	Ъ	К
М	В	И	Б	И	Г	Ь	Е	У	Я	Н	Ц	О	И	Т
Я	К	Г	Х	Г	Н	В	Р	Ы	Р	А	А	Д	Я	Н
Н	Э	Е	Д	И	Ш	Е	А	Г	О	Р	А	В	Ф	А
П	В	Р	Ж	Н	Б	Ч	Н	А	Щ	Т	Х	В	С	Ш
Г	О	Р	О	Д	Ъ	Е	А	Т	О	С	Ы	В	Т	Л

АТЛАС
ГОРА
ШИРОТА
КОНТИНЕНТ
ОСТРОВ
ЭКВАТОР
ПОЛУСФЕРА
ВЫСОТА
КАРТА
СТРАНА
МЕРИДИАН
СЕВЕР
ОКЕАН
РЕГИОН
РЕКА
ГОРОД
МИР
ЗАПАД
МОРЕ
ЮГ

71 - Kunstbenodigdheden

Щ	Ы	Ж	У	К	Ц	Ч	М	Ц	Я	В	Ю	А	Я	П
Е	Б	С	И	А	У	В	Р	А	Н	И	Л	Г	Ч	А
Т	Л	Т	Е	Р	Ж	Ь	Е	Ц	С	И	А	И	Ы	С
К	М	У	Ы	А	Ч	Л	О	Т	С	Л	Б	Ю	Ы	Т
И	Й	Л	Я	Н	У	О	М	Р	А	Ж	О	К	К	Е
Б	Ы	Ж	А	Д	Е	Г	Х	Е	Г	Р	Г	Д	И	Л
А	В	Р	О	А	Г	У	О	Б	А	Т	Е	Ж	Т	И
Л	О	А	Ж	Ш	А	Ы	С	Ь	М	К	Ь	М	С	Ь
К	Л	Е	Й	И	К	Ь	М	Л	У	Ч	С	В	А	И
Г	И	У	К	И	В	К	О	О	Б	Е	Б	И	Л	К
Ю	Р	Я	Б	Д	А	Д	Т	М	П	Р	Д	Ч	К	С
Ч	К	К	Х	Ж	Р	У	Т	С	Л	Н	Я	Г	Т	А
И	А	Ы	Т	У	Е	Я	Ъ	О	Ь	И	Т	Ю	Н	Р
Б	Ш	Ю	Я	Ф	Л	В	О	Д	А	Л	Ж	Ц	Ь	К
Ю	Ь	К	Ф	А	И	Щ	Ю	В	Д	А	Ь	Т	Ь	Ь

АКРИЛОВЫЙ
АКВАРЕЛИ
ЩЕТКИ
КАМЕРА
МОЛЬБЕРТ
ЛАСТИК
УГОЛЬ
ЧЕРНИЛА
ГЛИНА
ЦВЕТА
КЛЕЙ
МАСЛО
БУМАГА
ПАСТЕЛИ
КАРАНДАШИ
СТУЛ
СТОЛ
КРАСКИ
ВОДА

72 - Barbecues

Ы	С	Л	Щ	А	Х	А	К	Н	Р	Л	М	И	П	П
Д	Х	Л	С	О	У	С	Г	О	Ъ	М	Х	В	Р	К
М	Я	Я	Т	И	Ъ	Т	О	Ж	Ф	Г	Д	И	И	У
Ф	Р	А	П	Г	Ж	О	А	И	Ы	Ж	Ф	Л	Г	Р
Г	Ж	П	Ы	Р	Ш	Ц	О	Б	Е	Д	Р	К	Л	И
Г	О	Х	О	И	П	С	Е	М	Ь	Я	У	И	А	Ц
О	И	Л	Ь	Л	О	С	Ц	Р	Т	П	К	Ь	Ш	А
Р	М	С	О	Ь	М	Н	В	Я	Е	Р	Т	Ь	Е	Е
Я	У	Р	Р	Д	И	Т	Е	Д	Л	П	Л	Б	Н	Н
Ч	З	А	Е	Л	Д	Р	Ч	Ю	У	Ы	Е	О	И	Ъ
И	Ы	Ю	Ъ	М	О	Р	Щ	Ъ	К	Г	Т	В	Е	П
Й	К	М	Л	Р	Р	Р	Л	И	О	Ш	О	О	Ы	Ф
И	А	Ч	Ы	Ь	Ы	Т	А	Л	А	С	Ъ	Щ	Я	Л
Ы	Ю	Р	Ц	Н	П	Р	Щ	Л	Г	Н	Щ	И	В	У
Я	Е	Ж	В	М	Ъ	Я	Я	Е	Ж	И	Ю	Д	Г	У

ОБЕД
СЕМЬЯ
ФРУКТ
ГРИЛЬ
ОВОЩИ
ГОРЯЧИЙ
ГОЛОД
ДЕТИ
КУРИЦА
НОЖИ
МУЗЫКА
ПЕРЕЦ
САЛАТЫ
СОУС
ПОМИДОРЫ
ЛУК
ПРИГЛАШЕНИЕ
ВИЛКИ
ЛЕТО
СОЛЬ

73 - Schoonheid

О	Ч	П	С	Ч	Й	Ы	Н	Т	Н	А	Г	Е	Л	Э
С	Т	И	Л	И	С	Т	Ч	О	Ы	В	А	Ы	Ц	Ъ
С	О	Т	Е	У	Ц	Щ	П	А	Ж	У	Х	О	П	Ь
О	Ч	А	Р	О	В	А	Н	И	Е	Н	К	Е	Ъ	Е
Ц	Ъ	Ы	О	Г	М	Ц	Ч	Л	Н	Ц	И	Д	И	Щ
Ф	О	Т	О	Г	Е	Н	И	Ч	Н	Ы	Й	Ц	Т	Щ
Г	К	К	Ы	Х	Ь	Н	У	П	М	А	Ш	Б	Ы	Р
Р	О	У	М	М	Ъ	Н	Ш	О	Л	А	К	Р	Е	З
А	Ж	Д	А	К	И	Т	Е	М	С	О	К	Д	У	Р
Ц	А	О	Я	Л	Р	А	Ю	А	Л	С	А	М	С	Ш
И	Ц	Р	Р	В	Д	М	И	Д	Е	Ц	Ш	Ж	Л	Ю
Я	Р	П	Л	Ц	У	О	К	А	М	М	Я	Х	У	Б
С	Ц	В	Е	Т	К	Р	Ж	П	В	Р	Ы	В	Г	Ц
У	Ц	Й	И	К	Д	А	Л	Г	Г	Ж	Г	У	И	О
Р	Э	Л	Е	Г	А	Н	Т	Н	О	С	Т	Ь	Д	А

ОЧАРОВАНИЕ
КОСМЕТИКА
УСЛУГИ
ЭЛЕГАНТНЫЙ
ЭЛЕГАНТНОСТЬ
ФОТОГЕНИЧНЫЙ
ГРАЦИЯ
АРОМАТ
ГЛАДКИЙ
КОЖА
ЦВЕТ
КУДРИ
ПОМАДА
МАСЛА
ПРОДУКТЫ
НОЖНИЦЫ
ШАМПУНЬ
ЗЕРКАЛО
СТИЛИСТ

74 - Wetenschappelijke Discip

И	Х	П	К	У	Х	Ы	Д	Ш	Р	Ц	А	О	Н	М
М	П	И	С	Ж	М	Н	Е	Д	Д	Р	К	П	О	Е
М	О	И	М	И	Э	К	О	Л	О	Г	И	Я	Б	Т
У	В	Д	Т	И	Х	Ы	Л	Ю	О	М	Н	И	О	Е
Н	Е	Ь	Х	А	Я	О	Ь	Ш	У	Х	А	Г	Т	О
О	И	Д	Я	О	Н	Ы	Л	Я	Т	Ш	Х	О	А	Р
Л	Ц	Щ	Щ	Ы	И	И	А	О	Ч	Ч	Е	Л	Н	О
О	Ы	О	И	Е	Е	К	Е	Л	Г	Ы	М	О	И	Л
Г	Б	И	О	Х	И	М	И	Я	Ш	И	У	Е	К	О
И	С	О	Ц	И	О	Л	О	Г	И	Я	Я	Г	А	Г
Я	М	И	Н	Е	Р	А	Л	О	Г	И	Я	К	Г	И
Т	Е	Р	М	О	Д	И	Н	А	М	И	К	А	П	Я
Н	Е	В	Р	О	Л	О	Г	И	Я	А	Е	Я	Ы	Г
Б	И	О	Л	О	Г	И	Я	И	М	О	Т	А	Н	А
А	С	Т	Р	О	Н	О	М	И	Я	Ы	Д	Щ	О	Х

АНАТОМИЯ
АСТРОНОМИЯ
БИОХИМИЯ
БИОЛОГИЯ
ХИМИЯ
ЭКОЛОГИЯ
ГЕОЛОГИЯ
ИММУНОЛОГИЯ
МЕХАНИКА
МЕТЕОРОЛОГИЯ
МИНЕРАЛОГИЯ
НЕВРОЛОГИЯ
БОТАНИКА
ПСИХОЛОГИЯ
СОЦИОЛОГИЯ
ТЕРМОДИНАМИКА
ПИТАНИЕ

75 - Bijvoeglijke Naamwoorden

Н	Г	З	Й	Ы	Н	Ч	И	Т	Н	Е	Т	У	А	У
О	О	Д	Ы	Ч	Я	О	Н	Т	Н	Б	Я	Д	П	С
В	Л	О	Н	И	Й	П	Т	В	О	С	Ш	Р	Р	Т
Ы	О	Р	Ь	С	Ы	И	Е	О	Р	О	Д	А	О	А
Й	Д	О	Л	Т	Н	С	Р	Р	М	Л	Ш	М	Д	Л
Щ	Н	В	И	Ы	Н	А	Е	Ч	А	Е	Ы	А	У	Ы
М	Ы	Ы	С	Й	Е	Т	С	Е	Л	Н	Г	Т	К	Й
Д	Й	Й	М	Е	В	Е	Н	С	Ь	Ы	О	И	Т	Я
Д	И	К	И	Й	Т	Л	Ы	К	Н	Й	Р	Ч	И	Ф
У	Ж	Ф	Ф	Ы	С	Ь	Й	И	Ы	Ч	Д	Е	В	Л
Я	У	С	И	Н	Т	Н	Д	Й	Й	С	Ы	С	Н	В
А	Ъ	Ш	П	Н	Е	Ы	Н	Щ	П	Ы	Й	К	Ы	Ж
О	Л	Ъ	Я	О	В	Й	У	Н	Р	Ы	Ф	И	Й	А
Е	С	Т	Е	С	Т	В	Е	Н	Н	Ы	Й	Й	В	К
А	Г	П	Е	А	О	О	Д	А	Р	Е	Н	Н	Ы	Й

АУТЕНТИЧНЫЙ
ОДАРЕННЫЙ
ОПИСАТЕЛЬНЫЙ
ТВОРЧЕСКИЙ
ДРАМАТИЧЕСКИЙ
ЗДОРОВЫЙ
ГОЛОДНЫЙ
ИНТЕРЕСНЫЙ
УСТАЛЫЙ
ЕСТЕСТВЕННЫЙ
НОВЫЙ
НОРМАЛЬНЫЙ
ПРОДУКТИВНЫЙ
СОННЫЙ
СИЛЬНЫЙ
ГОРДЫЙ
ОТВЕТСТВЕННЫЙ
ДИКИЙ
СОЛЕНЫЙ
ЧИСТЫЙ

76 - Kleding

К	С	Ъ	Г	С	В	Ш	Ъ	В	Щ	И	К	С	О	Н
Б	Р	А	С	Л	Е	Т	Л	Я	Б	Н	У	Я	Ы	Д
М	О	К	К	Л	Ь	В	Л	Я	Ч	Ы	Р	И	Г	Т
И	В	Ш	К	Ь	Т	Ф	С	Ж	П	Р	Т	Т	Ц	И
И	Ф	А	Р	Ю	А	Ц	О	Ь	М	А	К	Б	Н	Р
Л	Я	Б	В	Б	Л	Е	Б	Б	Я	Ц	А	Л	Ь	Е
А	И	У	Е	К	П	Ч	Р	И	У	О	О	У	Г	В
Д	Р	Р	Д	А	Ь	Д	Ю	Б	Г	В	Т	З	Я	Х
Н	Ф	Ш	Ъ	Д	Д	Ц	К	А	Ш	Х	Ь	А	Щ	С
А	Ю	К	К	О	А	У	И	И	Д	Я	Л	Л	Т	П
С	О	Ю	У	М	С	В	И	Т	Е	Р	А	Т	Ф	Т
Я	Х	Ф	Т	И	К	Т	А	Ч	Р	Е	П	С	Р	М
О	Ж	Е	Р	Е	Л	Ь	Е	Ь	Ш	Х	И	С	Ж	К
П	Т	Р	А	А	П	И	Ж	А	М	А	Ы	Р	У	О
Щ	Т	М	Ф	Т	Ш	Л	Х	Ц	Л	Ю	А	К	Ш	Р

БРАСЛЕТ
БЛУЗА
БРЮКИ
ПЕРЧАТКИ
ШЛЯПА
ПАЛЬТО
КУРТКА
ПЛАТЬЕ
ОЖЕРЕЛЬЕ
МОДА
ПИЖАМА
ПОЯС
ЮБКА
САНДАЛИИ
ОБУВЬ
ФАРТУК
РУБАШКА
ШАРФ
НОСКИ
СВИТЕР

77 - Vliegtuigen

С	Р	Д	Т	А	Т	М	О	С	Ф	Е	Р	А	В	П
Ъ	К	П	О	Д	В	И	Г	А	Т	Е	Л	Ь	О	Р
У	Р	И	П	В	О	Д	О	Р	О	Д	С	Р	З	И
Ц	Л	Л	Л	Г	Ш	Ч	Г	Е	Ю	Р	Ж	Ж	Д	К
И	А	О	И	Щ	В	П	К	Г	А	Н	Ы	Щ	У	Л
Р	Д	Т	В	И	Ы	С	Я	Ж	Д	Л	Р	У	Ш	Ю
Я	И	Р	О	Т	С	И	Ю	Ы	Е	Б	Е	Ф	Н	Ч
Ч	Д	У	Р	В	О	Д	П	Г	М	Щ	Л	Б	Ы	Е
К	Щ	Ц	И	Х	Т	Ц	Ы	В	Ч	О	Л	С	Й	Н
С	М	Д	Ж	Ж	А	П	И	К	Э	Д	Е	Ц	Ш	И
У	П	У	А	Л	Ы	Е	И	Ю	Ь	И	П	Б	А	Е
П	Н	У	С	Х	Ж	Б	Х	У	Д	З	О	В	Р	Я
А	П	Ы	С	Е	И	Н	Е	Л	В	А	Р	П	А	Н
З	Х	А	А	К	Д	А	С	О	П	Й	П	Ф	Г	Л
Е	Ж	М	П	Н	Е	Б	О	Р	Д	Н	И	Р	Я	Е

СПУСК
АТМОСФЕРА
ПРИКЛЮЧЕНИЕ
ВОЗДУШНЫЙ ШАР
ЭКИПАЖ
ТОПЛИВО
ИСТОРИЯ
НЕБО
ВЫСОТА
ЗАПУСК
ПОСАДКА
ВОЗДУХ
ДВИГАТЕЛЬ
ДИЗАЙН
ПАССАЖИР
ПИЛОТ
ПРОПЕЛЛЕРЫ
НАПРАВЛЕНИЕ
ВОДОРОД

78 - Herbalisme

С	С	Н	Э	Ш	К	Ю	Ю	Е	Щ	П	З	Т	Ъ	Ь
Ж	А	Г	С	Ь	А	О	Я	К	Ж	Е	Е	И	Е	К
И	Х	Д	Т	Ж	А	Ф	Г	Г	Н	Т	Л	М	Т	У
Ь	Е	Ь	Р	Г	П	Я	Р	А	Л	Р	Е	Ь	Б	Л
Х	Ы	Т	А	М	Е	Г	С	А	Ф	У	Н	Я	А	И
Е	Щ	Р	Г	Ч	Н	Ш	Щ	Р	Н	Ш	Ы	Н	З	Н
О	Х	О	О	В	Т	С	Е	Ч	А	К	Й	Б	И	А
Н	П	А	Н	А	Р	О	Й	А	М	А	Н	Ь	Л	Р
А	Р	О	М	А	Т	И	Ч	Е	С	К	И	Й	И	Н
Г	Ь	Ж	Р	Ц	В	Е	Т	О	К	О	Р	Х	К	Ы
Е	Т	Ж	Ш	К	Д	У	Р	Ж	У	Н	А	Щ	Е	Й
Р	Г	А	Н	И	У	Д	Щ	Г	Щ	С	М	И	Р	Щ
О	К	В	К	У	С	Ч	А	Я	В	Е	З	Ш	Л	И
Д	Л	А	В	А	Н	Д	А	Щ	Ы	Ч	О	Х	К	Н
Н	Х	С	Т	Р	Т	Н	Е	И	Д	Е	Р	Г	Н	И

АРОМАТИЧЕСКИЙ
БАЗИЛИК
ЦВЕТОК
КУЛИНАРНЫЙ
УКРОП
ЭСТРАГОН
ЗЕЛЕНЫЙ
ИНГРЕДИЕНТ
ЧЕСНОК
КАЧЕСТВО
ЛАВАНДА
МАЙОРАН
ОРЕГАНО
ПЕТРУШКА
РОЗМАРИН
ШАФРАН
ВКУС
ТИМЬЯН
САД

79 - Kracht en Zwaartekracht

В	Х	Ь	Ц	Е	М	Ы	Ж	А	П	Ш	О	С	Е	Т
Ф	Р	П	М	В	Ъ	Ш	У	Н	Ш	И	Т	К	И	Р
Д	Е	Е	И	В	И	Ъ	Б	Ш	П	Ю	К	О	Н	Е
М	И	Т	М	О	Д	П	Т	Ш	В	Б	Р	Р	Я	Н
З	Н	Н	Ъ	Я	М	Ч	Ц	Ф	Щ	Е	Ы	О	О	И
И	Е	О	А	Ы	Т	Е	Н	А	Л	П	Т	С	Т	Е
Т	Ж	Б	Ю	М	Р	И	Х	О	Щ	Н	И	Т	С	Ч
Е	И	Н	Е	Р	И	Ш	С	А	Р	Ь	Е	Ь	С	О
Н	В	В	К	М	Я	Ч	Е	И	Н	Е	Л	В	А	Д
Г	Д	У	Ы	П	Б	Н	Е	Ч	М	И	Л	В	Р	О
А	К	И	З	И	Ф	И	О	С	Б	Н	К	Д	К	Р
М	У	Ф	В	Ч	Г	М	И	Х	К	Я	Е	А	Т	Б
Й	Ы	Н	Ь	Л	А	С	Р	Е	В	И	Н	У	В	И
Ц	Е	Н	Т	Р	С	Т	Щ	Ч	П	Л	Й	Ж	Е	Т
У	Ж	М	Ы	А	В	Т	С	Й	О	В	С	Ч	С	А

РАССТОЯНИЕ
ОСЬ
ОРБИТА
ДВИЖЕНИЕ
ЦЕНТР
ДАВЛЕНИЕ
ДИНАМИЧЕСКИЙ
СВОЙСТВА
ВЕС
ВЛИЯНИЕ
МАГНЕТИЗМ
МЕХАНИКА
ФИЗИКА
ОТКРЫТИЕ
ПЛАНЕТЫ
СКОРОСТЬ
ВРЕМЯ
РАСШИРЕНИЕ
УНИВЕРСАЛЬНЫЙ
ТРЕНИЕ

80 - Rijden

Л	К	И	Ъ	Ч	Ъ	Г	В	Ц	Е	Щ	Г	Д	О	А
М	И	В	М	Д	К	К	А	Ц	И	Л	У	О	Б	В
К	Ь	Ц	У	Ф	Я	Ф	Т	Р	З	Л	П	Р	Е	Т
Е	П	Ю	Е	Р	Н	М	Р	Ь	А	Л	Е	О	З	О
Ь	Л	Е	Н	Н	У	Т	А	О	Г	Ж	Ш	Г	О	М
Т	У	Ы	М	Ы	З	Г	К	Л	М	Н	Е	А	П	О
Р	Е	И	Н	Е	Ж	И	В	Д	И	Щ	Х	Ь	А	Б
А	В	А	Р	И	Я	Д	Я	Б	К	Г	О	Т	С	И
У	Л	У	Т	О	В	И	Л	П	О	Т	Д	С	Н	Л
М	Я	Н	Ы	Ь	Т	С	О	Н	С	А	П	О	О	Ь
Ж	Ф	Ц	К	И	В	О	З	У	Р	Г	У	Р	С	Е
Т	О	Р	М	О	З	А	М	Ф	Ы	С	Я	О	Т	Т
Р	П	О	Л	И	Ц	И	Я	Б	П	Ъ	Ш	К	Ь	Ф
М	О	Т	О	Ц	И	К	Л	Е	М	Б	Ц	С	П	Ь
Д	Х	Ы	Е	Г	Ь	И	Д	Ч	Д	А	Д	Ц	Х	Ю

АВТОМОБИЛЬ
ТОПЛИВО
ГАРАЖ
ГАЗ
ОПАСНОСТЬ
КАРТА
ЛИЦЕНЗИЯ
МОТОР
МОТОЦИКЛ
АВАРИЯ
ПОЛИЦИЯ
ТОРМОЗА
СКОРОСТЬ
УЛИЦА
ТУННЕЛЬ
БЕЗОПАСНОСТЬ
ДВИЖЕНИЕ
ПЕШЕХОД
ГРУЗОВИК
ДОРОГА

81 - Wetenschap

А	К	Х	Ф	Ф	К	А	М	О	Т	А	И	Л	Д	И
Щ	В	Х	Ф	А	Ы	Ц	И	Т	С	А	Ч	А	А	Ж
Г	Е	А	Ю	К	Е	Ы	Н	Н	А	Д	О	Б	М	У
Г	И	Ц	Т	Т	О	Ю	Е	Л	Ж	О	Р	О	О	М
Р	К	П	Ж	Ф	Ж	Р	Р	В	Ц	Т	Г	Р	Л	Л
А	С	К	О	Б	У	М	А	Ж	И	Е	А	А	Е	Э
В	Е	У	О	Т	В	У	Л	Ш	У	М	Н	Т	К	В
И	Ч	С	Ы	А	Е	Ф	Ы	Т	Т	Я	И	О	У	О
Т	И	Ю	Ы	М	С	З	И	Ъ	У	Х	З	Р	Л	Л
А	М	Г	Ы	И	Л	Щ	А	З	Г	Ч	М	И	Ы	Ю
Ц	И	Р	Б	Л	Б	Г	Х	П	И	А	Е	Я	И	Ц
И	Х	Н	У	К	Г	Ш	А	Д	К	К	Г	Н	А	И
Я	Н	И	Р	П	Р	И	Р	О	Д	А	А	У	Ы	Я
Н	А	Б	Л	Ю	Д	Е	Н	И	Е	В	У	Ш	Ы	Й
Е	И	С	К	О	П	А	Е	М	О	Е	О	Л	Ц	Ь

АТОМ
ХИМИЧЕСКИЕ
ЧАСТИЦЫ
ЭВОЛЮЦИЯ
ФАКТ
ИСКОПАЕМОЕ
ДАННЫЕ
ГИПОТЕЗА
КЛИМАТ
ЛАБОРАТОРИЯ
МЕТОД
МИНЕРАЛЫ
МОЛЕКУЛЫ
ПРИРОДА
ФИЗИКА
НАБЛЮДЕНИЕ
ОРГАНИЗМ
УЧЕНЫЙ
ГРАВИТАЦИЯ

82 - Natuurkunde

П	Г	Р	А	В	И	Т	А	Ц	И	Я	Д	Ч	Х	М
Ю	Л	О	Г	Е	Д	И	Х	Л	Е	Ш	В	А	И	А
М	Р	О	П	Ь	Х	Я	Ю	Д	Я	Ч	И	С	М	Г
О	А	Л	Т	Г	Ф	Ж	Л	И	Ф	Д	Г	Т	И	Н
Л	С	Е	И	Н	Е	Р	О	К	С	У	А	О	Ч	Е
Е	Ш	Л	Ь	О	О	Ф	И	Ю	И	А	Т	Т	Е	Т
К	И	Ф	Р	Р	С	С	Д	Ц	Д	К	Е	А	С	И
У	Р	О	А	Т	Ю	Ц	Т	С	С	И	Л	Ц	К	З
Л	Е	Р	Ъ	К	Г	И	Ф	Ь	П	Н	Ь	И	И	М
А	Н	М	Н	Е	А	М	А	С	С	А	Ш	Т	Е	Д
П	И	У	Х	Л	З	Я	А	С	Ы	Х	Ш	С	Т	Т
А	Е	Л	А	Э	Е	Н	Ъ	О	Ц	Е	С	А	Б	Х
Ъ	Т	А	О	Б	А	Е	К	Ъ	Ц	М	Щ	Ч	Ц	Л
Ц	Ж	О	С	С	К	О	Р	О	С	Т	Ь	Ш	Ы	И
Т	Н	Е	М	И	Р	Е	П	С	К	Э	Ж	Г	Ь	Г

АТОМ
ХАОС
ХИМИЧЕСКИЕ
ЧАСТИЦА
ПЛОТНОСТЬ
ЭЛЕКТРОН
ЭКСПЕРИМЕНТ
ФОРМУЛА
ЧАСТОТА
ГАЗ
МАГНЕТИЗМ
МАССА
МЕХАНИКА
МОЛЕКУЛА
ДВИГАТЕЛЬ
СКОРОСТЬ
РАСШИРЕНИЕ
УСКОРЕНИЕ
ГРАВИТАЦИЯ

83 - Muziekinstrumenten

Б	А	Н	Д	Ж	О	У	Е	С	М	В	Е	П	Ф	Г
С	К	Р	И	П	К	А	Н	А	А	Ф	Р	А	Л	О
Д	Ф	Ь	Г	С	Н	И	Л	К	Н	Б	Ф	М	Е	Б
К	Е	Д	Б	Ч	Т	Ш	Ф	С	Д	А	А	А	Й	О
Ю	Т	Я	Ц	Ц	Е	М	М	О	О	Р	Г	Р	Т	Й
Я	П	И	А	Н	И	Н	О	Ф	Л	А	О	И	А	Ы
С	И	Ж	Г	Р	С	С	Т	О	И	Б	Т	М	Ю	Ю
Ь	Т	С	С	Ю	К	К	Г	Н	Н	А	Ш	Б	Ъ	Р
Г	Н	Ш	С	У	Щ	И	Ю	Т	А	Н	Ц	А	Щ	Ф
Г	И	Т	Р	У	Б	А	К	И	Н	О	М	Р	А	Г
В	О	Т	Ъ	А	К	Т	Р	О	М	Б	О	Н	Б	Ж
Ч	Д	Н	А	П	Ъ	Р	Б	Е	У	Ч	У	Ъ	У	Ю
Ы	Ц	Д	Г	Р	Х	Т	Е	Н	Р	А	Л	К	Б	У
Я	Ф	Е	Ф	Л	А	Ю	Р	П	Ф	Е	Ы	Л	Е	У
В	И	О	Л	О	Н	Ч	Е	Л	Ь	Ь	Я	Н	Н	Ь

БАНДЖО
ВИОЛОНЧЕЛЬ
ФАГОТ
ФЛЕЙТА
ГИТАРА
ГОНГ
АРФА
ГОБОЙ
КЛАРНЕТ
МАНДОЛИНА
МАРИМБА
ГАРМОНИКА
ПЕРКУССИЯ
ПИАНИНО
САКСОФОН
БУБЕН
ТРОМБОН
БАРАБАН
ТРУБА
СКРИПКА

84 - Antiek

Н	Е	О	Б	Ы	Ч	Н	Ы	Й	Ц	Я	Р	Ж	М	Д
Г	Е	Н	И	И	Ц	И	Т	С	Е	В	Н	И	М	Е
В	А	Ш	Я	Ю	Я	У	С	Л	Н	Ц	О	Я	Н	К
С	О	В	Т	С	Е	Ч	А	К	А	О	И	Б	Р	О
М	Т	П	Ф	Ч	Р	Н	И	М	Е	В	Ц	Х	Ь	Р
Е	К	И	Щ	Х	Е	О	З	Д	Ш	В	К	Ж	А	А
Б	Н	Р	Л	Р	Л	И	У	Я	Т	У	У	В	Ж	Т
Е	У	О	Ъ	Ь	А	Т	Т	Й	Ы	Р	А	Т	С	И
Л	П	Т	А	У	Г	Ф	Н	И	Ц	Т	Ы	П	М	В
Ь	А	К	К	В	Ш	Щ	Э	Л	Т	М	Е	И	Л	Н
Э	Л	Е	Г	А	Н	Т	Н	Ы	Й	У	Ш	Н	И	Ы
Я	Ь	Л	С	К	У	Л	Ь	П	Т	У	Р	А	О	Й
Ю	Б	Л	А	У	Т	Е	Н	Т	И	Ч	Н	Ы	Й	М
Д	В	О	И	С	К	У	С	С	Т	В	О	Т	Т	Ч
Ф	Ы	К	Ц	Е	Н	Н	О	С	Т	Ь	Ф	У	У	Ы

АУТЕНТИЧНЫЙ
СКУЛЬПТУРА
ДЕКОРАТИВНЫЙ
ВЕК
ЭЛЕГАНТНЫЙ
ГАЛЕРЕЯ
ИНВЕСТИЦИИ
ПУНКТ
ИСКУССТВО
КАЧЕСТВО
ЭНТУЗИАСТ
МЕБЕЛЬ
МОНЕТЫ
НЕОБЫЧНЫЙ
СТАРЫЙ
ЦЕНА
СТИЛЬ
АУКЦИОН
КОЛЛЕКТОР
ЦЕННОСТЬ

85 - Activiteiten en Vrije Ti

С	И	Щ	Г	К	Т	П	Д	Г	У	Ф	Е	М	Щ	Р
Г	А	С	С	Х	Е	Ф	Л	Х	Щ	Ш	И	З	Я	А
О	С	Д	К	Г	У	М	А	Т	Е	Н	Н	И	С	С
Л	Е	Я	О	У	О	Ч	П	Х	О	Щ	А	Р	О	С
Ь	Р	Я	Б	В	С	К	Д	И	Е	И	В	У	П	Л
Ф	Ф	Л	Б	Б	О	С	П	Ч	Н	В	А	Т	Д	А
У	И	В	Я	Ч	П	Д	Т	В	Н	Г	Л	Й	С	Б
Ь	Н	О	Я	В	С	М	С	В	Т	И	П	И	Ф	Л
Щ	Г	Л	Ъ	Ж	Е	Ш	Ч	Т	О	И	У	Ш	Л	Я
Ш	Ж	Я	Ф	У	Т	Б	О	Л	В	Р	М	Е	Н	Ю
Р	М	А	Я	Л	О	Б	Й	Е	Л	О	В	П	Д	Щ
Е	Ш	Н	Г	О	Н	О	Ч	Н	Ы	Й	Б	Б	Ш	И
Ц	В	Б	Г	Б	А	С	К	Е	Т	Б	О	Л	Е	Й
Ч	Ц	Ы	Е	Б	Х	О	Б	Б	И	Ю	Ъ	Ц	В	Б
Н	Ы	Р	Я	Н	И	Е	Б	Е	Й	С	Б	О	Л	Ц

БАСКЕТБОЛ
БОКС
НЫРЯНИЕ
ГОЛЬФ
РЫБНАЯ ЛОВЛЯ
ХОББИ
БЕЙСБОЛ
КЕМПИНГ
ИСКУССТВО
РАССЛАБЛЯЮЩИЙ
ГОНОЧНЫЙ
СЕРФИНГ
ТЕННИС
САДОВОДСТВО
ФУТБОЛ
ВОЛЕЙБОЛ
ПЕШИЙ ТУРИЗМ
ПЛАВАНИЕ

86 - Water

О	К	С	Ц	М	Д	В	Д	О	Ы	В	Д	Ш	Д	Р
Щ	К	Г	Б	Б	Ш	О	У	З	У	Л	О	И	Е	Е
Я	Ч	Е	Е	А	А	Л	Ш	Е	Ш	А	Ж	Ю	И	К
Ш	Ы	Н	А	Н	Ы	Н	У	Р	В	Ж	Д	Л	Н	А
О	Г	С	Г	Н	А	Ы	Б	О	Н	Н	Ь	У	Е	У
К	Е	Ъ	А	А	С	В	З	В	Ш	О	Ь	Р	Р	Д
Ч	Д	Ш	Л	Л	Г	Ы	О	П	Ш	С	Г	А	А	П
Ь	К	И	В	Е	С	Е	Р	Д	Ы	Т	В	Г	П	Щ
М	У	С	С	О	Н	Б	О	К	Н	Ь	К	А	С	О
П	А	Р	М	У	Ч	К	М	С	В	Е	У	Н	И	Щ
Х	Ь	Е	М	С	Б	А	В	Н	Ц	Т	Н	Ъ	М	Ъ
Ж	Я	З	Г	Е	И	Н	Е	Ш	О	Р	О	И	Ч	К
С	Х	Й	Щ	Ч	Б	А	Ш	Е	Ф	Ц	Х	К	Е	И
Ы	С	Е	У	Щ	Р	Л	П	И	Т	Ь	Е	В	О	Й
Ы	Ъ	Г	Щ	Т	И	Ы	Ж	Е	Р	Щ	О	М	Р	Ь

ДУШ
ПИТЬЕВОЙ
ГЕЙЗЕР
ВОЛНЫ
ЛЕД
ОРОШЕНИЕ
КАНАЛ
ОЗЕРО
МУССОН
ОКЕАН

УРАГАН
НАВОДНЕНИЕ
ДОЖДЬ
РЕКА
СНЕГ
ПАР
ИСПАРЕНИЕ
ВЛАГА
ВЛАЖНОСТЬ
МОРОЗ

87 - Koffie

Ч	А	Ч	Р	О	К	О	Л	О	М	М	Ц	Х	П	М
Ф	Р	Е	А	Д	О	В	Щ	Ъ	Ш	У	Ч	И	Р	О
Ь	О	Р	З	Ж	Т	П	И	Т	Ь	П	Щ	Щ	О	Л
Ц	М	Н	Н	Н	И	Е	Ф	О	К	К	Л	Е	И	О
Е	А	Ы	О	К	П	Д	Х	Б	Л	И	А	С	С	Т
Н	Т	Й	О	Р	А	С	К	Д	К	Л	Е	Ч	Х	Ь
А	О	П	Б	Е	Н	Ъ	Ц	О	Л	Ю	И	Т	О	Ь
Ж	Л	Ц	Р	М	Ж	С	А	Р	С	Р	Я	Х	Ж	Ч
Щ	О	Р	А	Х	А	С	Ы	Т	Л	Т	П	М	Д	Ж
Г	Ф	О	З	А	Ж	Ы	Ж	У	Б	Ь	Ь	Ч	Е	Б
Е	Ь	Ж	И	Ж	Д	Ю	Д	Ч	Ъ	Л	А	Ы	Н	Ы
Ь	Х	Н	Е	Ч	А	Ш	К	А	О	И	В	Г	И	Ь
Ж	А	Р	Е	Н	Ы	Й	Х	С	Я	Ф	Ъ	К	Е	Ы
Г	О	Р	Ь	К	И	Й	Х	Ш	Я	Л	Б	М	У	Ь
М	Ю	Щ	В	Г	Ч	Щ	Е	Щ	М	Ы	О	И	Ч	С

АРОМАТ
ЧАШКА
ГОРЬКИЙ
КОФЕИН
НАПИТОК
ПИТЬ
ФИЛЬТР
ЖАРЕНЫЙ
МОЛОТЬ
МОЛОКО
УТРО
ПРОИСХОЖДЕНИЕ
ЦЕНА
КРЕМ
ВКУС
САХАР
РАЗНООБРАЗИЕ
ЖИДКОСТЬ
ВОДА
ЧЕРНЫЙ

88 - Schaken

Л	Т	К	К	И	Г	Р	О	К	К	Е	Т	И	Х	С
А	В	Е	Л	О	Р	О	К	Ч	Е	Р	Н	Ы	Й	Т
Х	Г	Х	Р	К	Р	У	Й	Р	Ы	И	Ю	Я	П	Р
Ю	У	Ш	Л	Ш	А	О	Ы	Г	Й	Ы	Н	М	У	А
И	Ь	Ы	П	Ш	Л	Г	Л	Н	Ж	М	А	Е	Д	Т
Г	В	О	Б	О	И	П	Е	Ь	Е	Е	Ю	Р	Й	Е
Р	Щ	Щ	Ш	Е	В	Н	Б	Л	Р	Л	Р	В	Ы	Г
А	Т	Ь	Г	Б	А	Ь	Т	А	Р	Б	Ш	Т	Н	И
К	О	Н	К	У	Р	С	У	Н	Т	О	О	Ш	В	Я
И	Ъ	О	Е	Б	П	Ф	Р	О	Ч	Р	А	Е	И	А
Е	К	И	О	Н	С	Р	Н	Г	Т	П	В	Г	С	Ч
К	Е	П	Ч	А	О	Ъ	И	А	О	Ж	Д	Я	С	Г
Щ	Ъ	М	Т	У	Р	П	Р	И	Ч	Щ	А	М	А	У
Ъ	Ф	Е	В	Б	Р	Ь	П	Д	К	П	Ч	Ч	П	П
Х	Щ	Ч	Ъ	Р	Д	У	Ф	О	И	А	Ж	Б	С	Ю

ДИАГОНАЛЬ
ЧЕМПИОН
КОРОЛЬ
КОРОЛЕВА
ЖЕРТВА
ПАССИВНЫЙ
ТОЧКИ
ПРАВИЛА
УМНЫЙ
ИГРА
ИГРОК
СТРАТЕГИЯ
ОППОНЕНТ
ВРЕМЯ
ТУРНИР
ПРОБЛЕМЫ
КОНКУРС
БЕЛЫЙ
ЧЕРНЫЙ

89 - Boerderij #1

К	П	Ъ	В	Х	С	Ю	Р	В	К	У	М	Б	П	М
О	С	Е	Н	О	В	И	Б	О	В	У	Р	Г	Ъ	Г
Р	Д	Ц	Ш	Ф	И	Я	Р	Д	О	М	Р	Ч	Ы	М
О	Ы	А	С	Ц	Н	Ь	Д	А	Ш	О	Л	И	А	Ь
В	Т	Ж	Т	Т	Ь	К	З	К	В	У	М	К	Ц	Щ
А	Ц	Ч	Ы	С	Я	О	А	А	В	А	Ф	Е	Т	А
М	Е	Д	А	Ц	Ф	Ш	Б	Б	О	П	О	Л	Е	Л
Д	Л	Ь	Ж	Д	А	К	О	О	Р	Д	П	Е	Л	Е
Б	Е	Х	Л	Ц	Щ	А	Р	С	О	И	Ж	С	Т	Ч
Н	Т	О	Ф	Р	Ф	Ш	Б	Л	Н	Б	Ф	О	О	П
К	О	З	А	Ц	И	С	Х	Т	А	Х	Х	О	П	Ш
Ь	Ы	Х	Ш	А	Т	Ы	Ь	М	Щ	Л	Ш	Ш	Ф	Ч
В	Д	Ъ	К	Ц	В	П	Б	Х	Ж	У	К	Д	Е	Х
Л	Л	И	С	Е	М	Е	Н	А	И	Е	Б	Е	Ф	К
Ы	Е	Щ	У	Д	О	Б	Р	Е	Н	И	Е	О	Ю	Т

ПЧЕЛА
ОСЕЛ
КОЗА
ЗАБОР
СОБАКА
МЕД
СЕНО
ТЕЛЕЦ
КОШКА
КУРИЦА
КОРОВА
ВОРОНА
СТАДО
УДОБРЕНИЕ
ЛОШАДЬ
РИС
СВИНЬЯ
ПОЛЕ
ВОДА
СЕМЕНА

90 - Huis

К	Д	Щ	О	Б	К	М	П	Ш	Д	Т	Ч	О	К	П
Р	О	Ш	Ф	Ы	Р	Е	О	Р	В	Щ	Ы	И	О	Ш
У	Х	В	Ю	Т	Ы	Т	Т	Р	Е	Ю	Ж	Ж	М	Ф
А	О	Ъ	Р	У	Ш	Л	О	П	Р	А	Т	А	Н	З
Ы	М	В	Ы	И	А	А	Л	Ч	Ь	О	С	Ч	А	А
Л	Ы	Р	В	Х	К	У	О	Ь	Р	Щ	Т	Я	Т	Б
Ш	Д	И	Ф	О	М	А	К	Ч	Д	Ж	И	Ж	А	О
Ф	У	Б	Ч	Р	Д	С	Т	Е	Н	А	Д	Ц	М	Р
П	О	Д	В	А	Л	К	Ъ	Ч	М	Р	Ш	Л	П	Ф
У	Ы	Ч	С	А	Д	Л	У	Я	Б	А	П	М	А	Л
З	Е	Р	К	А	Л	О	К	Х	Р	Г	Ч	В	Щ	В
К	А	М	И	Н	Ч	Л	Т	Я	Н	Ь	Л	А	П	С
Х	Ц	И	И	Г	О	О	Ъ	Б	У	Я	Л	Ф	Р	Е
У	М	С	Г	М	Е	Б	Е	Л	Ь	И	Ы	Ч	Ъ	Ф
Б	И	Б	Л	И	О	Т	Е	К	А	М	Ь	Р	Т	Д

МЕТЛА
БИБЛИОТЕКА
КРЫША
ДВЕРЬ
ДУШ
ГАРАЖ
КАМИН
ЗАБОР
КОМНАТА
ПОДВАЛ
КУХНЯ
ЛАМПА
МЕБЕЛЬ
СТЕНА
ПОТОЛОК
ДЫМОХОД
СПАЛЬНЯ
ЗЕРКАЛО
КОВРИК
САД

91 - Geometrie

П	О	В	Е	Р	Х	Н	О	С	Т	Ь	Ч	У	Ч	Ь
Н	Г	В	У	П	А	Р	А	Л	Л	Е	Л	Ь	Р	Ш
С	И	М	М	Е	Т	Р	И	Я	Ш	О	Б	Ю	Щ	Д
П	Е	Р	П	Е	Н	Д	И	К	У	Л	Я	Р	Е	Я
Т	Р	Е	У	Г	О	Л	Ь	Н	И	К	А	О	Ц	Г
Л	О	Г	И	К	А	У	Р	А	В	Н	Е	Н	И	Е
У	Ы	У	Й	Ы	Н	Ь	Л	А	К	И	Т	Р	Е	В
С	М	Р	Ь	Д	А	Щ	О	Л	П	Ц	Е	Т	И	Я
Т	Е	К	Л	Б	И	Г	З	И	Б	Р	Ч	Е	Н	В
Я	Е	Г	Н	Я	Д	В	П	Д	А	Б	С	М	Е	Ф
Ц	Ы	О	М	Д	Е	Т	Ы	Ц	Ш	Х	А	А	Р	Ж
Ш	Х	Д	Р	Е	М	О	О	С	Л	Я	Р	И	Е	В
Ъ	И	Ъ	С	И	Н	Ж	Б	М	О	А	Т	Д	М	Ъ
Д	Б	Е	Ц	А	Я	Т	Щ	А	Г	Т	И	Н	З	Ю
Б	М	А	С	С	А	Р	К	Ь	У	Ч	А	Ы	И	Х

РАСЧЕТ
КРУГ
ИЗГИБ
ДИАМЕТР
ИЗМЕРЕНИЕ
ТРЕУГОЛЬНИК
УГОЛ
ВЫСОТА
ЛОГИКА
ПЕРПЕНДИКУЛЯР
МАССА
МЕДИАНА
ПОВЕРХНОСТЬ
ПАРАЛЛЕЛЬ
СЕГМЕНТ
СИММЕТРИЯ
ТЕОРИЯ
УРАВНЕНИЕ
ВЕРТИКАЛЬНЫЙ
ПЛОЩАДЬ

92 - Jazz

А	К	И	Н	Х	Е	Т	Ю	Ъ	Н	М	П	Ц	Ж	Р
К	К	Я	Н	Е	Р	О	Т	И	З	О	П	М	О	К
Ы	У	Ц	Р	А	В	М	Б	И	С	Б	В	Х	Ф	А
З	Б	Т	Е	Р	Ъ	Х	И	Т	Г	Ь	Х	Ы	У	П
У	Ш	Т	Я	Н	С	Е	П	С	Я	Л	Л	Ш	Й	Л
М	П	Ц	В	А	Т	С	О	С	Т	А	Д	Ъ	Х	О
Ч	Н	Ь	К	Ж	У	Ъ	Ф	Х	Т	И	Р	С	У	Д
И	З	Б	Р	А	Н	Н	О	Е	Р	Е	Л	Т	Д	И
С	Т	А	Р	Ы	Й	У	Ж	Р	Е	А	М	Ь	О	С
И	М	П	Р	О	В	И	З	А	Ц	И	Я	Т	Ж	М
И	З	В	Е	С	Т	Н	Ы	Й	Н	Б	Ю	А	Н	Е
Р	И	Т	М	Н	Щ	Г	К	Х	О	К	Р	Л	И	Н
Ю	Б	М	Ж	С	Р	Т	С	Е	К	Р	О	А	К	Т
Х	Б	Г	И	Р	В	К	М	Д	Щ	В	Ы	Н	Л	Ы
У	Б	Щ	К	Ц	Б	М	Х	Б	Ж	Д	И	Т	Ю	П

АЛЬБОМ
АПЛОДИСМЕНТЫ
ХУДОЖНИК
ИЗВЕСТНЫЙ
КОМПОЗИТОР
КОНЦЕРТ
ИЗБРАННОЕ
ЖАНР
ИМПРОВИЗАЦИЯ
ПЕСНЯ

МУЗЫКА
АКЦЕНТ
НОВЫЙ
ОРКЕСТР
СТАРЫЙ
РИТМ
СОСТАВ
СТИЛЬ
ТАЛАНТ
ТЕХНИКА

93 - Getallen

Т	Ы	У	Щ	Ю	С	Щ	С	Р	Ь	М	Е	С	О	В
С	Д	О	Ч	Щ	У	Ь	Ь	Ч	Е	Т	Ы	Р	Е	Ь
Я	Ы	П	П	Я	И	Т	С	П	Л	Б	Я	Ц	Б	Т
В	О	С	Е	М	Н	А	Д	Ц	А	Т	Ь	С	А	А
У	Ч	Л	С	П	Ю	Ц	О	К	А	М	Т	Р	Е	Ц
Ь	Ь	Я	У	Я	Р	Д	С	Е	М	Ь	А	Я	Д	Д
Ц	Я	Н	Б	Т	Е	А	Г	Л	Р	Л	Ц	Ю	В	А
О	Д	И	Н	Ь	Ь	Н	В	Ш	С	У	Д	К	Е	Н
Ж	С	Р	У	К	Х	Т	Ж	И	Е	Н	А	Ч	Н	Р
Ъ	Д	Т	Щ	В	П	Я	Ш	У	Е	С	Н	Н	А	Ы
Ь	Е	Д	Ш	Х	К	В	Ы	Р	К	Ъ	Т	Г	Д	Т
А	В	Д	О	У	Ы	Е	М	Ш	Ц	Е	С	Ь	Ц	Е
Л	Я	Р	Н	Г	Ч	Д	К	Ю	Т	Ь	Е	Ы	А	Ч
Т	Т	Д	В	А	Д	Ц	А	Т	Ь	Р	Ш	О	Т	М
У	Ь	Т	А	Ц	Д	А	Н	Т	Я	П	Я	К	Ь	У

ВОСЕМЬ
ВОСЕМНАДЦАТЬ
ТРИ
ОДИН
ДЕВЯТЬ
ДЕВЯТНАДЦАТЬ
НУЛЬ
ДЕСЯТЬ
ДВЕНАДЦАТЬ
ДВА
ДВАДЦАТЬ
ЧЕТЫРНАДЦАТЬ
ЧЕТЫРЕ
ПЯТЬ
ПЯТНАДЦАТЬ
ШЕСТЬ
ШЕСТНАДЦАТЬ
СЕМЬ

94 - Boksen

П	Р	Й	Б	Ш	Я	Ь	Д	У	С	Ц	Н	Щ	Н	И
П	Е	Ы	Н	А	В	Ы	К	Г	К	У	Л	А	К	З
О	Щ	Р	Ч	Щ	Ч	Г	Ж	О	Ж	Ъ	К	И	Щ	М
Д	Ъ	Т	Ч	Х	Т	С	Ч	Л	М	В	А	Р	Т	У
Б	Ю	С	В	А	Ы	Б	С	О	П	Д	Л	Ш	О	Ч
О	Я	Ы	Ж	Е	Т	Ю	Н	К	Ю	Л	И	Л	Ч	Е
Р	У	Б	Ф	Ц	Р	К	Т	О	Е	В	С	Щ	К	Н
О	Щ	Ч	О	Ы	Ж	Е	И	Л	Т	Л	Е	Т	И	Н
Д	К	Ю	К	К	О	С	В	О	О	У	Х	Н	Щ	Ы
О	Ы	В	У	Т	Ф	Щ	Л	К	Ч	Б	О	Е	Ц	Й
К	Е	Р	С	Ы	Е	Ю	Ф	Л	И	В	П	Н	Ф	Ш
Г	К	Ю	Д	Д	Ж	Л	Л	Н	Щ	П	Ь	О	А	В
Щ	Б	И	П	Х	Ъ	И	О	Н	Ш	Ж	Я	П	Ж	Е
П	И	Н	А	Т	Ь	Т	О	К	О	Л	Н	П	Н	К
Ч	Б	А	Г	Р	Ф	Ю	Ф	У	Щ	Х	Р	О	Ы	Д

ЛОКОТЬ
ФОКУС
ПЕРЧАТКИ
УГОЛ
ПОДБОРОДОК
КОЛОКОЛ
СИЛА
ТЕЛО
ТОЧКИ
СУДЬЯ
ПИНАТЬ
БЫСТРЫЙ
ОППОНЕНТ
ВЕРЕВКИ
ИЗМУЧЕННЫЙ
НАВЫК
БОЕЦ
ТРАВМ
КУЛАК

95 - Boerderij #2

К	П	В	Ф	Е	Р	М	Е	Р	Т	Ю	В	Ь	С	И
У	Ъ	Ш	Б	И	Ц	Щ	Б	Д	Ш	Р	Ы	Г	К	Ъ
К	Ж	Е	Ы	Н	Т	О	В	И	Ж	У	Х	Т	Г	Ь
У	Ю	А	Ы	Е	Б	Х	В	У	Ю	Е	Д	А	Ю	А
Р	Г	Е	Ш	Ш	В	Я	Ж	Ш	С	Ф	Ц	Ы	Д	Р
У	Л	П	Щ	О	В	О	Ч	М	Н	П	К	Ц	Ю	К
З	Ж	Н	Ъ	Р	П	Ю	П	М	Я	Ф	Ю	Ь	Ш	Т
А	Ь	Е	Ц	О	У	В	Ь	Т	Е	А	М	Б	А	Р
И	Щ	Р	Ф	Ь	М	К	Т	Н	С	Н	Р	Т	О	И
Л	А	М	А	М	Ъ	Ь	Й	Р	В	Ф	Ь	К	Ш	С
Ч	С	К	Н	Ъ	В	И	Е	С	А	К	Т	У	И	Щ
М	А	Ц	В	О	К	О	Л	О	М	К	Ж	Р	А	Ш
Л	Д	Г	Г	М	О	Г	У	Л	М	Ж	Т	Ф	Д	Ц
Я	Г	Н	Е	Н	О	К	П	А	С	Т	И	О	Ь	Ж
П	Ш	Е	Н	И	Ц	А	С	Б	Х	М	Т	Д	Р	П

УЛЕЙ
ФЕРМЕР
САД
ЖИВОТНЫЕ
УТКА
ФРУКТ
ЯЧМЕНЬ
ОВОЩ
ПАСТИ
ОРОШЕНИЕ
ЯГНЕНОК
ЛАМА
КУКУРУЗА
МОЛОКО
ОВЦА
АМБАР
ПШЕНИЦА
ТРАКТОР
ЕДА
ЛУГ

96 - Psychologie

О	Ц	Л	К	Д	С	П	П	В	Л	И	Я	Н	И	Я
У	П	Щ	У	Е	Е	О	П	Р	Л	А	У	И	Х	Ф
Т	Я	Ы	Ю	Т	Н	З	О	А	О	М	Ы	С	Л	И
В	Б	А	Т	С	С	Н	В	Л	Г	Б	Ю	Ъ	В	П
В	О	Ы	Ч	Т	А	А	Е	Д	Э	Щ	Л	Я	Б	Н
Ж	Р	С	К	В	Ц	Н	Д	Б	Ю	Б	Ш	Е	Ь	Н
Е	В	Т	П	О	И	И	Е	Ж	П	Ч	П	Ч	М	О
П	Ф	Ъ	П	Р	Я	Е	Н	С	Ы	Ю	У	Б	Л	А
Е	У	Н	П	Т	И	Н	И	И	Ц	О	М	Э	Щ	К
С	Ж	И	Д	Ф	Щ	Я	Е	С	Ю	Ч	С	Р	Ы	Н
С	У	А	Т	Ш	В	Ь	Т	С	О	Н	Ч	И	Л	Е
Х	Н	И	О	Ш	У	Т	К	И	Л	Ф	Н	О	К	Ц
М	Е	Ч	Т	Ы	Л	Ъ	Р	Л	Е	А	Ж	О	Д	О
Ц	И	Ц	Ц	Г	Р	Е	А	Л	Ь	Н	О	С	Т	Ь
В	О	С	П	О	М	И	Н	А	Н	И	Я	Н	Ц	Ю

ОЦЕНКА
ПОЗНАНИЕ
КОНФЛИКТ
МЕЧТЫ
ЭГО
ЭМОЦИИ
ОПЫТ
МЫСЛИ
ПОВЕДЕНИЕ
СЕНСАЦИЯ
ВОСПОМИНАНИЯ
ВЛИЯНИЯ
ДЕТСТВО
ВОСПРИЯТИЕ
ЛИЧНОСТЬ
ПРОБЛЕМА
РЕАЛЬНОСТЬ

97 - Zakelijk

М	А	Г	А	З	И	Н	И	У	У	Ы	Р	С	Т	К
Ю	Б	Ц	Ф	П	Т	Ж	Т	Б	З	А	В	О	Д	О
Б	Б	Х	Ф	Щ	Р	Т	Ч	Н	Ю	Т	Д	В	О	М
Г	Б	Р	Х	М	Я	И	Ш	Я	У	Ю	Е	Р	Х	П
Ф	Ъ	Ъ	Р	Н	У	Б	Б	У	Ф	Л	Н	У	О	А
Б	И	С	Д	О	Х	Ф	Т	Ы	М	А	Ь	Ж	Д	Н
Ю	Г	Н	И	Ю	Ф	Ц	А	Ж	Л	В	Г	Ю	А	И
Д	О	Е	А	Ж	А	Д	О	Р	П	Ь	И	В	К	Я
Ж	Л	Ц	К	Н	И	Н	В	Е	С	Т	И	Ц	И	И
Е	А	Т	Д	О	С	К	А	Р	Ь	Е	Р	А	М	А
Т	Н	Т	И	Е	Я	Ы	С	Д	Е	Л	К	А	О	Ы
Б	Б	Я	К	И	Н	Т	О	Б	А	Р	Р	Т	Н	С
П	Ь	Т	С	О	М	И	О	Т	С	И	Ф	О	О	Д
Р	А	Б	О	Т	О	Д	А	Т	Е	Л	Ь	А	К	Б
В	Ь	Ч	В	В	Ъ	С	О	Ь	Ч	Щ	А	Л	Э	Б

КОМПАНИЯ
БЮДЖЕТ
НАЛОГИ
КАРЬЕРА
ЭКОНОМИКА
ЗАВОД
ФИНАНСЫ
ДЕНЬГИ
ДОХОД
ИНВЕСТИЦИИ
ОФИС
СКИДКА
СТОИМОСТЬ
СДЕЛКА
ВАЛЮТА
ПРОДАЖА
РАБОТОДАТЕЛЬ
РАБОТНИК
МАГАЗИН
ПРИБЫЛЬ

98 - Voeding

В	Я	Щ	А	И	Г	Е	Ч	Ц	Р	Ь	Ч	Ы	Х	Л
И	И	Ц	Е	П	С	О	О	Ю	Ф	С	У	С	Ц	С
Т	Ц	Г	Т	Н	Е	И	Р	Т	У	Н	А	Ы	Ы	П
А	А	Т	Е	И	Д	Ц	Е	Ь	В	О	Р	О	Д	З
М	Т	П	Г	Б	И	Р	Ч	К	К	Е	Ъ	К	О	З
И	Н	Б	П	У	Ш	Р	Т	А	Р	И	Ь	А	В	Д
Н	Е	Т	Ж	Е	Ю	Г	Я	Л	С	К	Й	Ч	Е	О
Щ	М	О	И	П	Т	Х	Х	О	О	Л	И	Е	Л	Р
Х	Р	К	Д	Г	Л	И	Л	Р	У	Е	Н	С	Г	О
М	Е	С	К	Т	Б	Г	Т	И	С	Б	Ю	Т	У	В
Д	Ф	И	О	А	П	Щ	Т	И	Б	Д	Р	В	Х	Ы
А	Р	Н	С	У	К	В	Ь	С	Ь	Ь	Т	О	В	Й
Ж	М	Ц	Т	Е	И	Н	Е	Р	А	В	Е	Щ	И	П
Ь	Б	Х	И	Д	В	Ч	Щ	М	Ш	Ж	Б	Р	Я	О
С	Ъ	Е	Д	О	Б	Н	Ы	Й	Б	Я	Е	Х	Ъ	М

ГОРЬКИЙ
КАЛОРИИ
ДИЕТА
СЪЕДОБНЫЙ
АППЕТИТ
БЕЛКИ
ФЕРМЕНТАЦИЯ
ВЕС
ЗДОРОВЫЙ
ЗДОРОВЬЕ
УГЛЕВОДЫ
КАЧЕСТВО
СОУС
ВКУС
СПЕЦИИ
ПИЩЕВАРЕНИЕ
ТОКСИН
ВИТАМИН
ЖИДКОСТИ
НУТРИЕНТ

99 - Chemie

Д	М	М	К	Т	Ц	Б	Ф	М	О	У	Ц	Ч	Ы	Г
Т	Д	Е	И	Е	Е	Ч	Е	Е	Р	О	Л	Х	И	А
Л	Ч	Т	С	М	Ф	Ф	Р	В	Г	Ж	Г	Ч	Ц	К
И	Ы	А	Л	П	Щ	Б	М	У	А	Ш	А	А	У	А
М	Е	Л	О	Е	Б	В	Е	С	Н	Ч	Л	Р	З	Т
Щ	Б	Л	Р	Р	И	Ш	Н	Ш	И	Щ	Я	Ь	А	А
Е	Ж	Ы	О	А	Ш	М	Т	Р	Ч	Х	И	Ф	Х	Л
Л	И	Р	Д	Т	У	Л	Б	Е	Е	М	Ц	Г	Ъ	И
О	Д	Н	Д	У	А	Т	О	Л	С	И	К	У	Х	З
Ч	К	Д	О	Р	О	Д	О	В	К	И	А	Ю	Т	А
Н	О	Ч	Р	А	У	Х	Ъ	П	И	О	Е	Н	У	Т
О	С	Ь	Е	Ц	К	А	И	Л	Й	Н	Р	Л	У	О
Й	Т	В	Л	М	О	Л	Е	К	У	Л	А	В	Ч	Р
Я	Ь	Я	Г	О	Ь	Ж	Н	О	Р	Т	К	Е	Л	Э
Ъ	Л	Ъ	У	Ь	С	И	Ц	К	Ж	Ч	Щ	С	Ч	Б

ЩЕЛОЧНОЙ
ХЛОР
ЭЛЕКТРОН
ФЕРМЕНТ
ГАЗ
ВЕС
ИОН
КАТАЛИЗАТОР
УГЛЕРОД
МЕТАЛЛЫ
МОЛЕКУЛА
ОРГАНИЧЕСКИЙ
РЕАКЦИЯ
ТЕМПЕРАТУРА
ЖИДКОСТЬ
ЖАРА
ВОДОРОД
СОЛЬ
КИСЛОТА
КИСЛОРОД

1 - Metingen

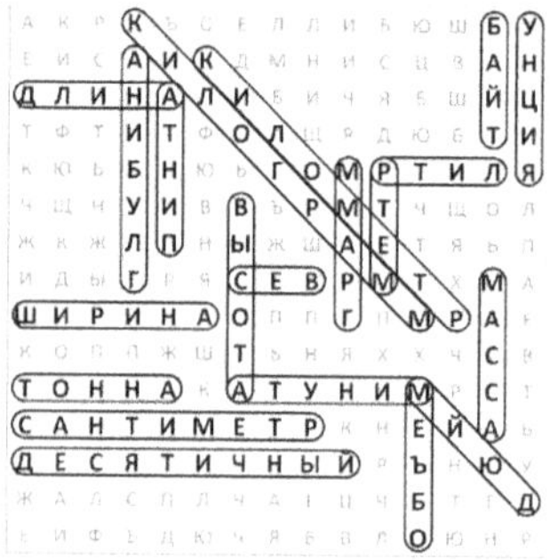

2 - Opwarming van de Aarde

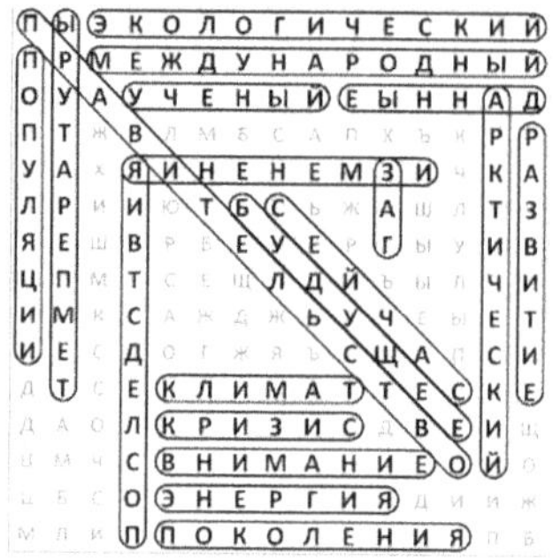

3 - Keuken

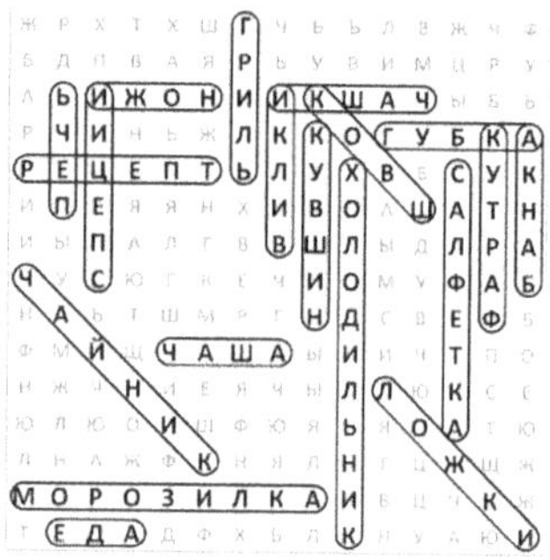

4 - Boten

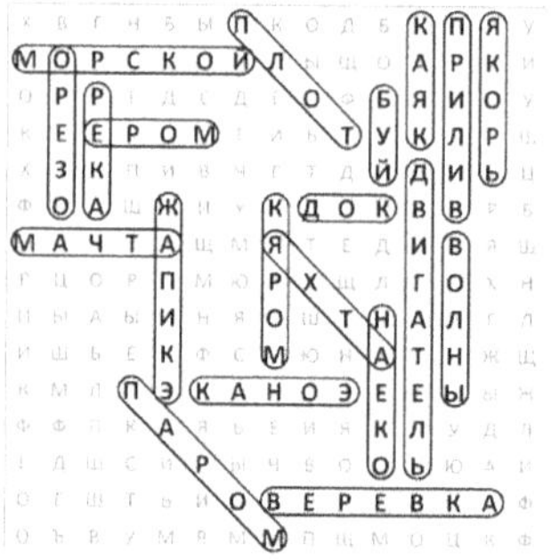

5 - Chocolade

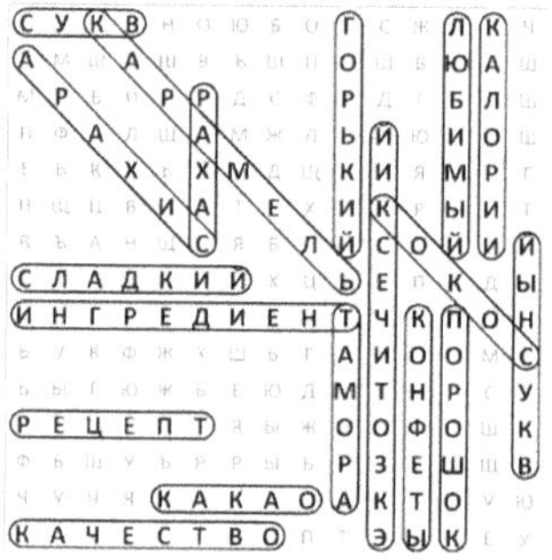

6 - Gezondheid en Welzijn #2

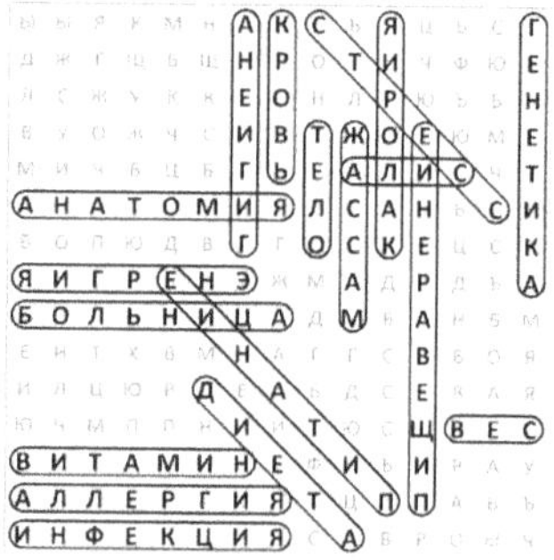

7 - Tijd

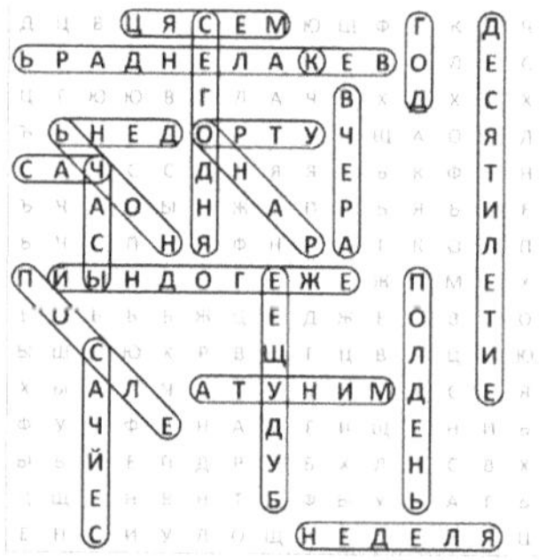

8 - Meditatie

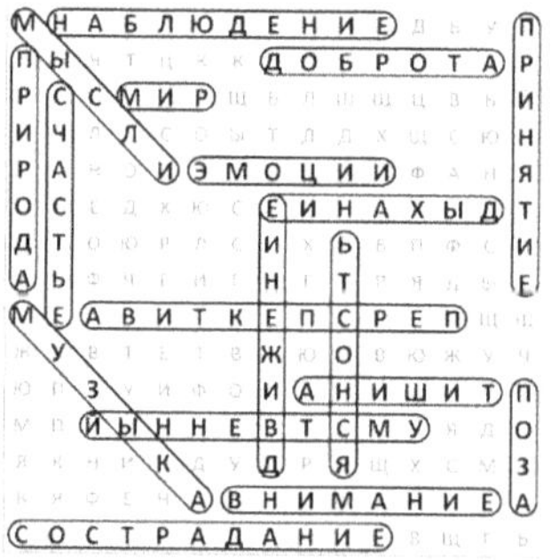

9 - Muziek

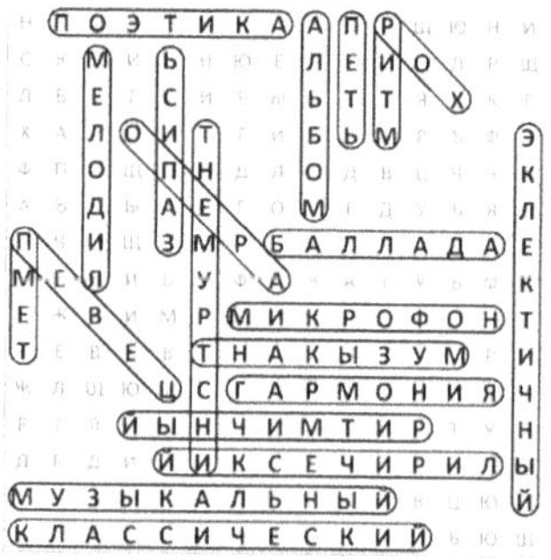

10 - Vogels

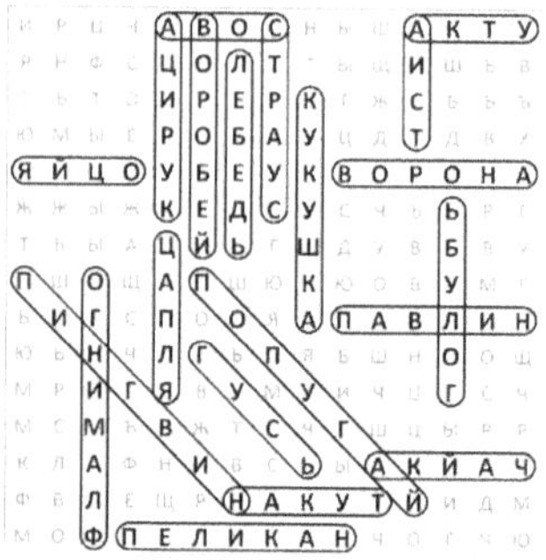

11 - Universum

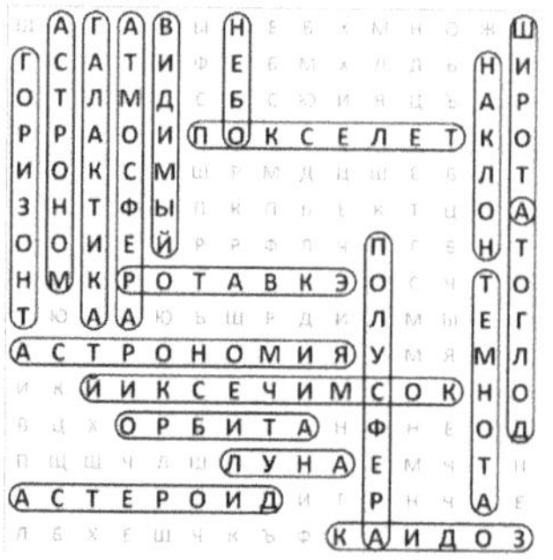

12 - Wiskunde

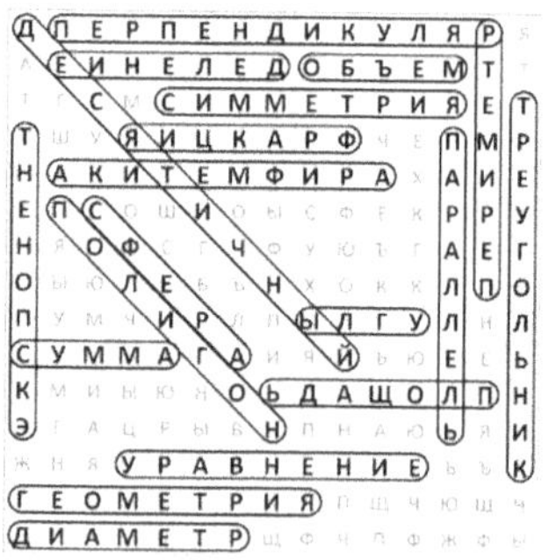

13 - Gezondheid en Welzijn #1

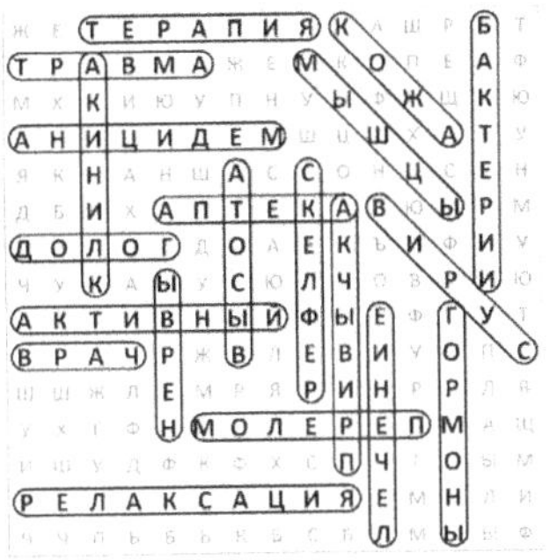

14 - Camping

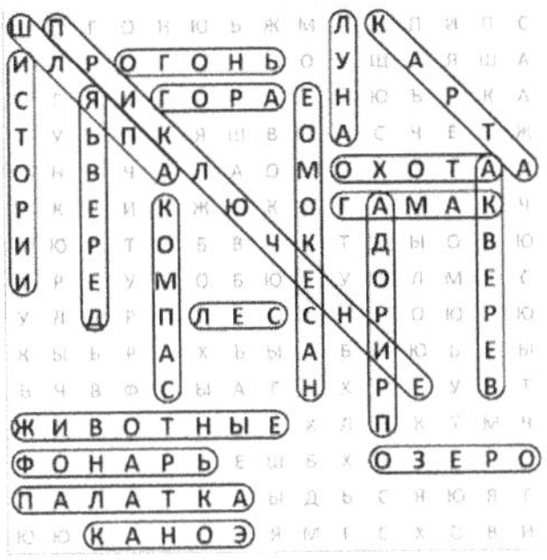

15 - Algebra

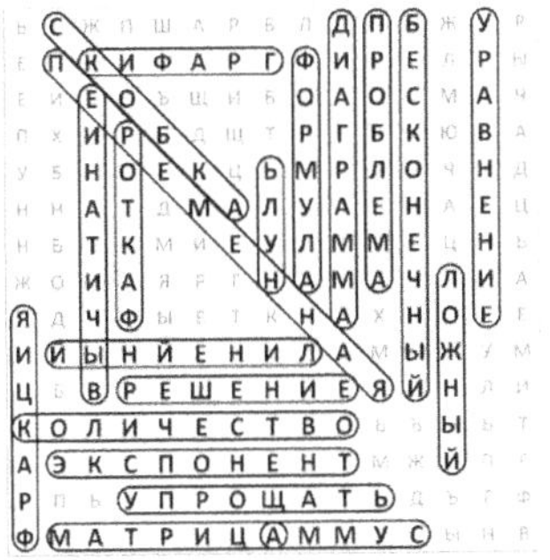

16 - Activiteiten

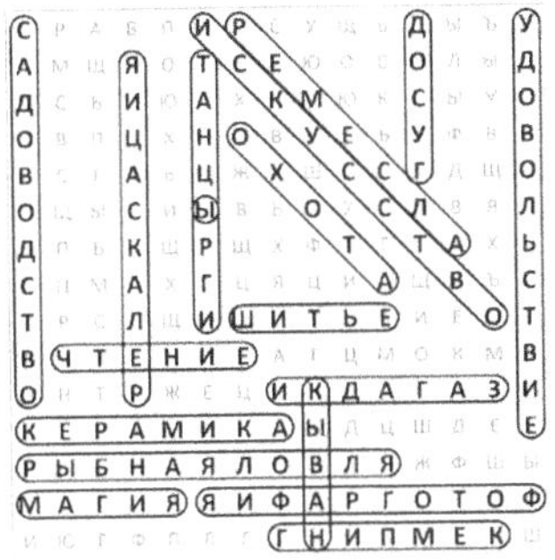

17 - Vormen

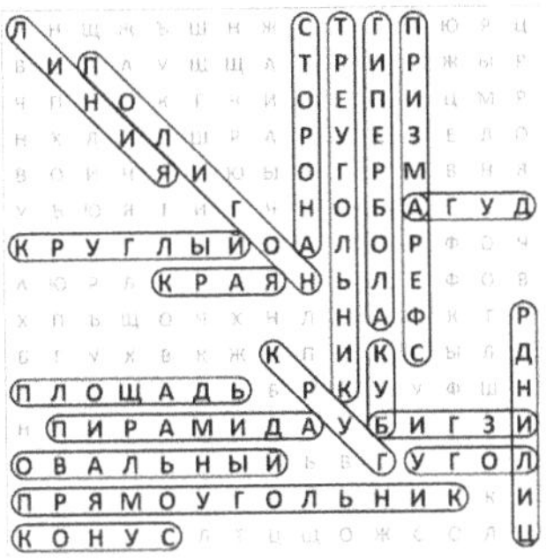

18 - Diplomatie

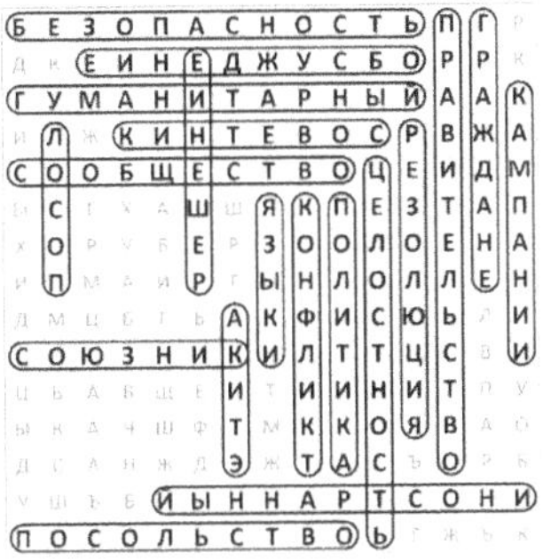

19 - Astronomie

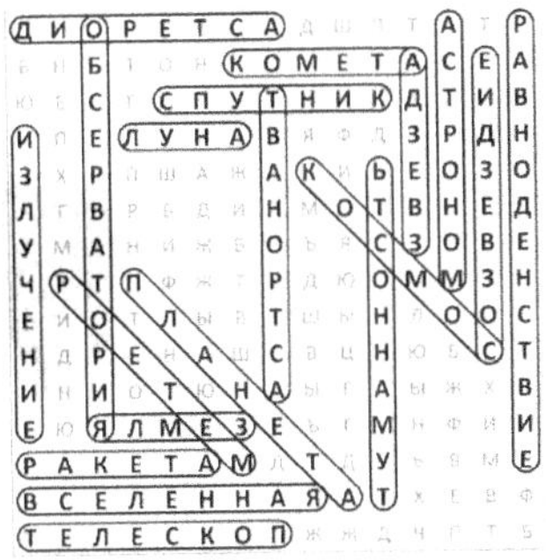

20 - Emoties

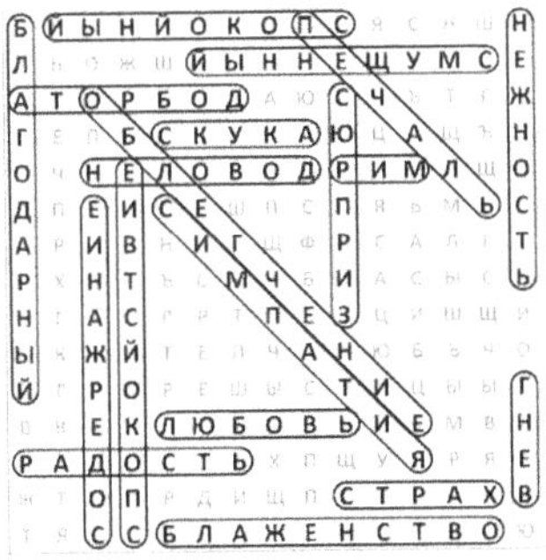

21 - Vakantie #2

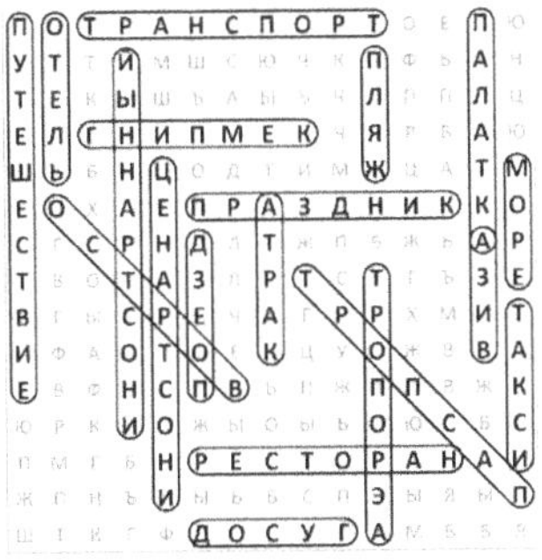

22 - Weersomstandigh

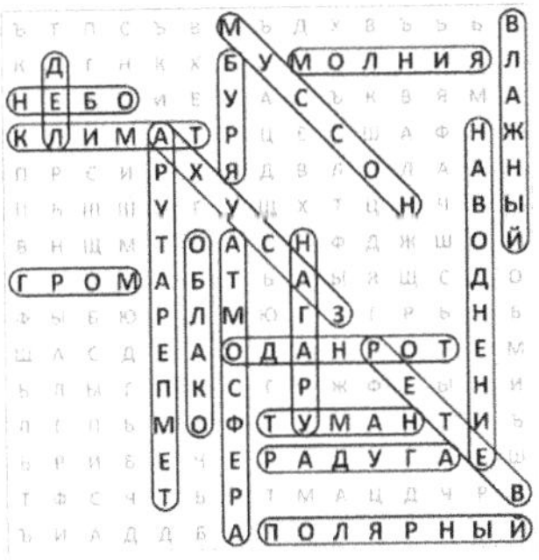

23 - Eten #2

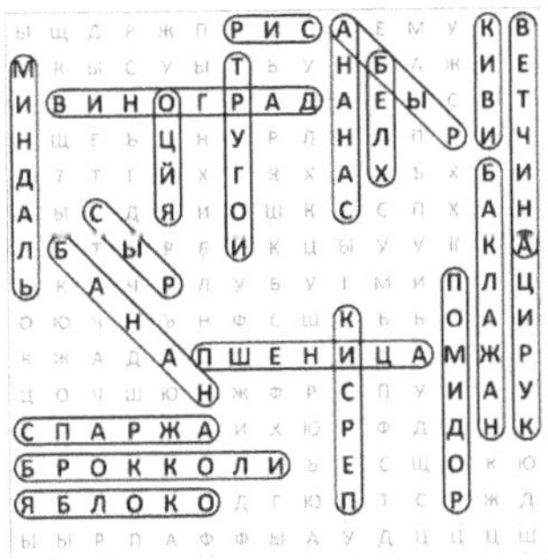

24 - Geologie

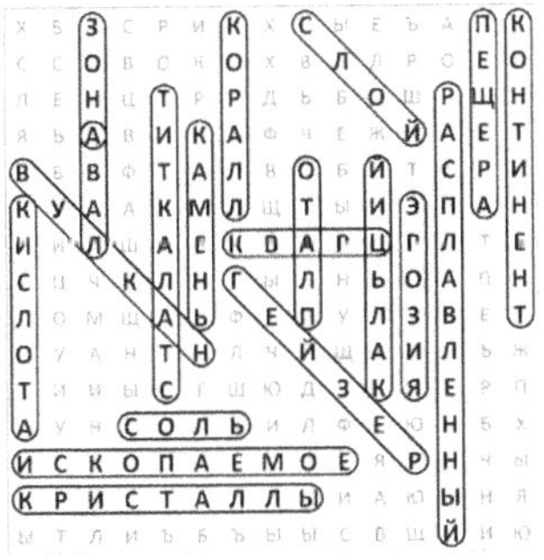

25 - Specerijen

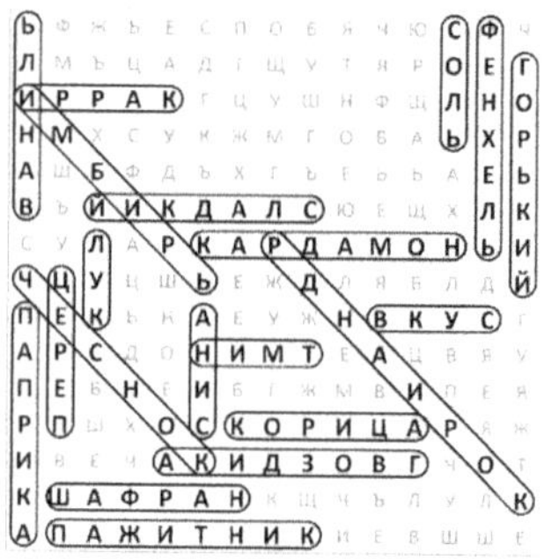

26 - Groenten

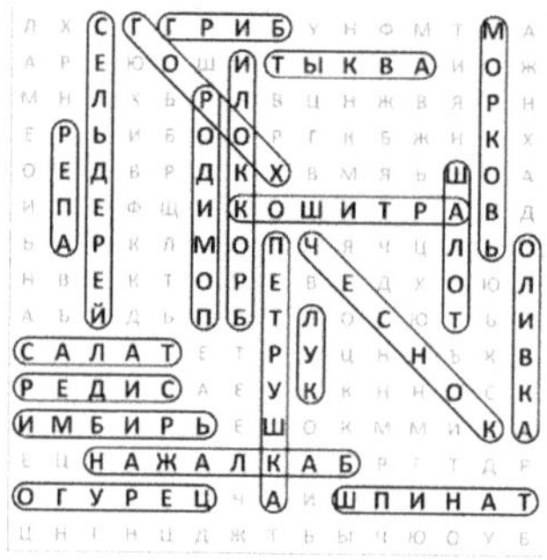

27 - Archeologie

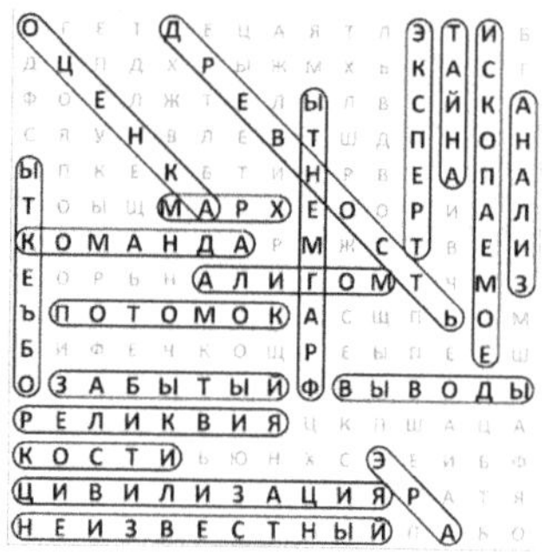

28 - Dans

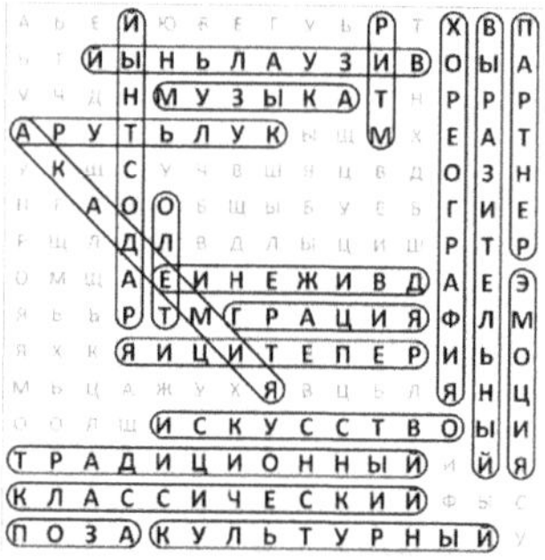

29 - Ziekte

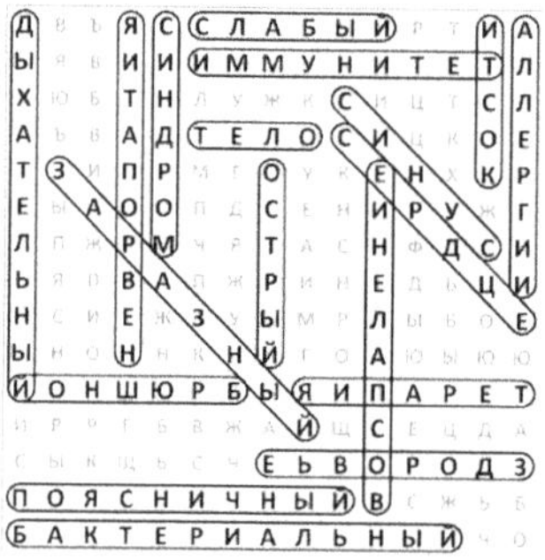

30 - Immigratie

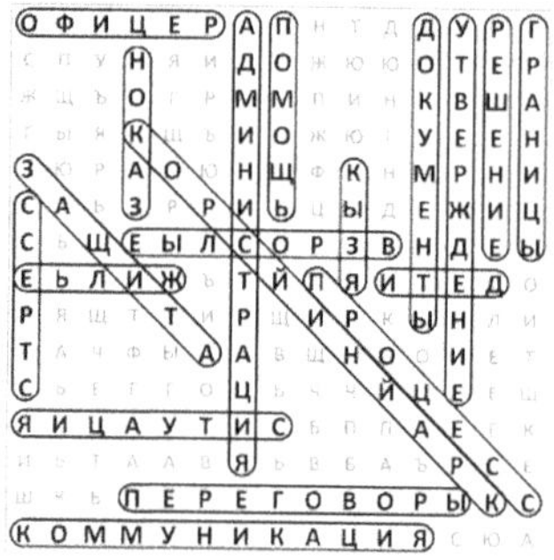

31 - Sport

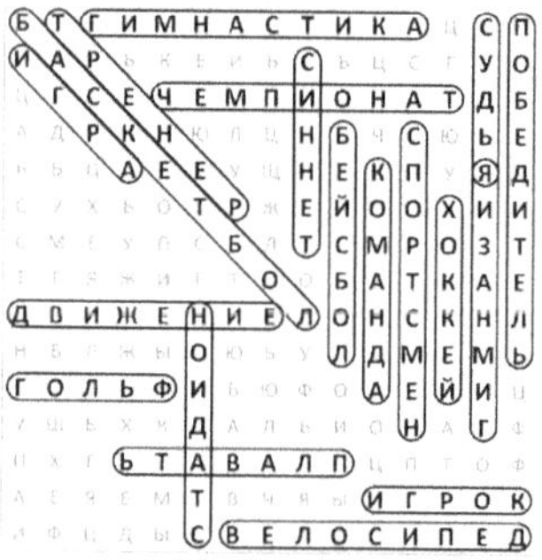

32 - Mythologie

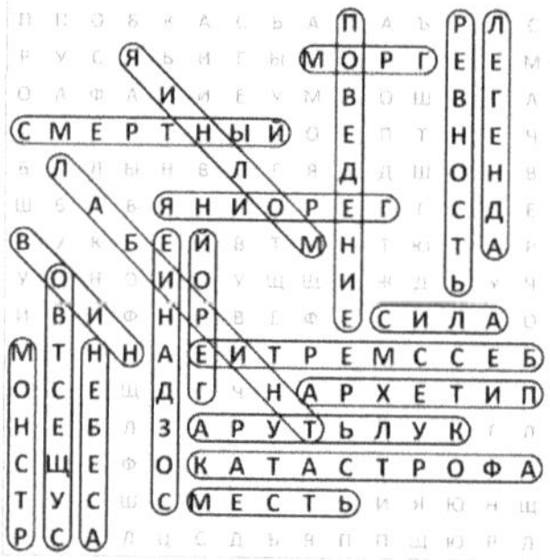

33 - Eten #1

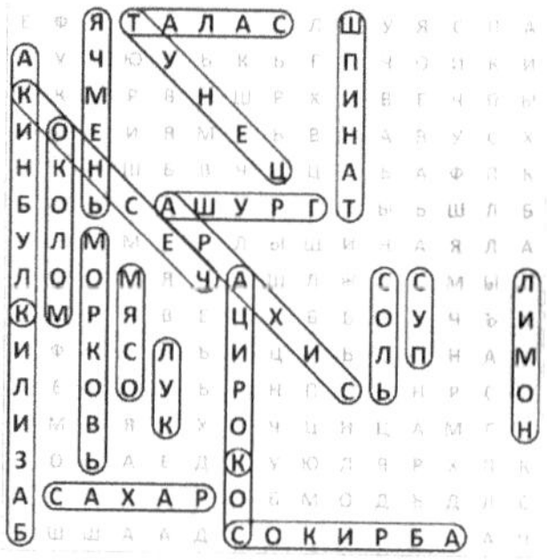

34 - Avontuur

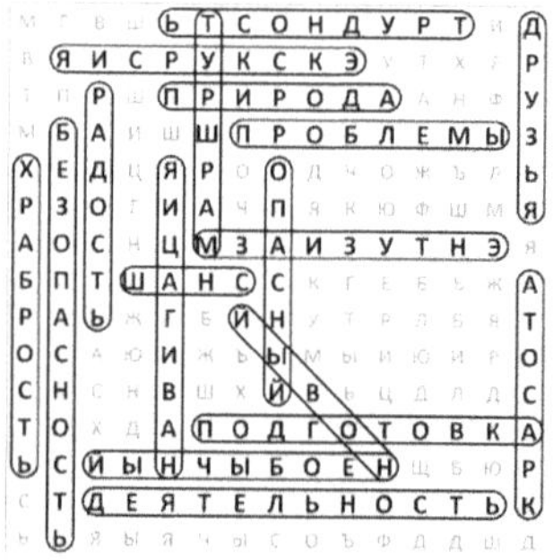

35 - Restaurant #2

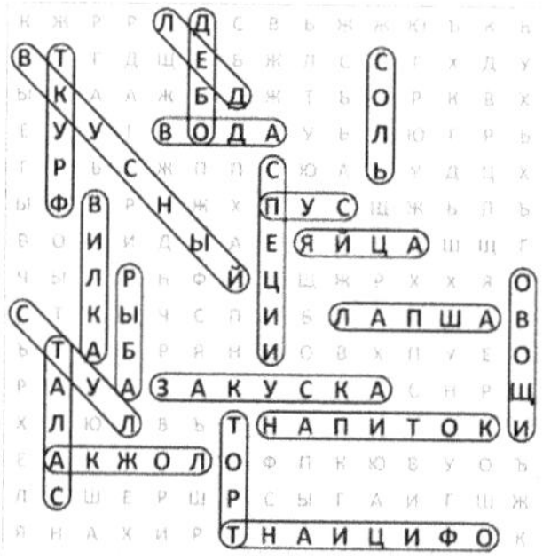

36 - Bijen

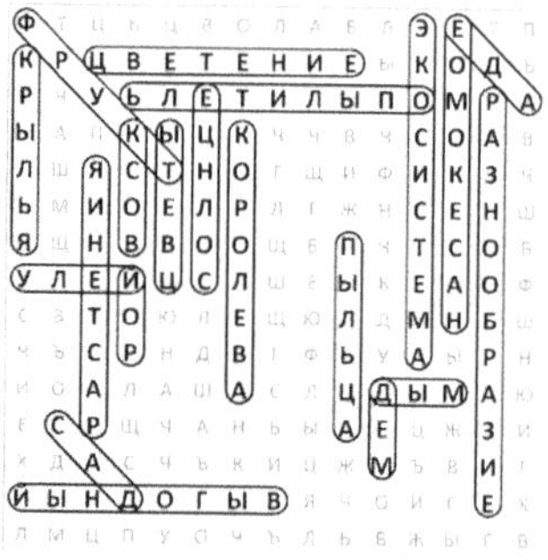

37 - Wandelen

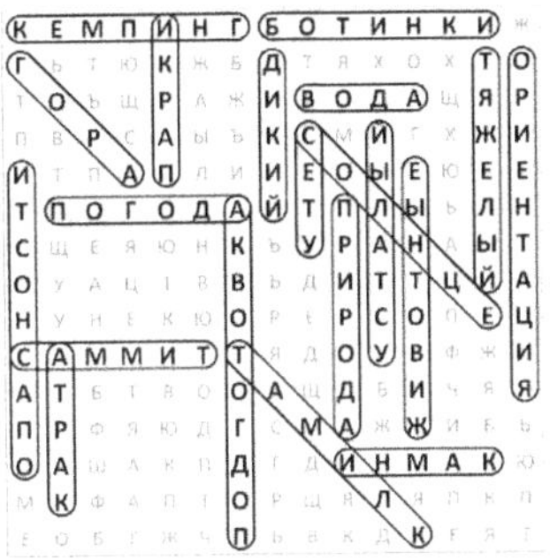

38 - Biologie

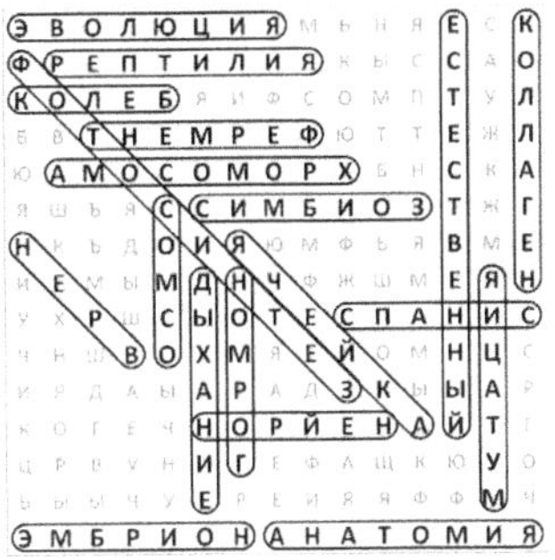

39 - Landen #1

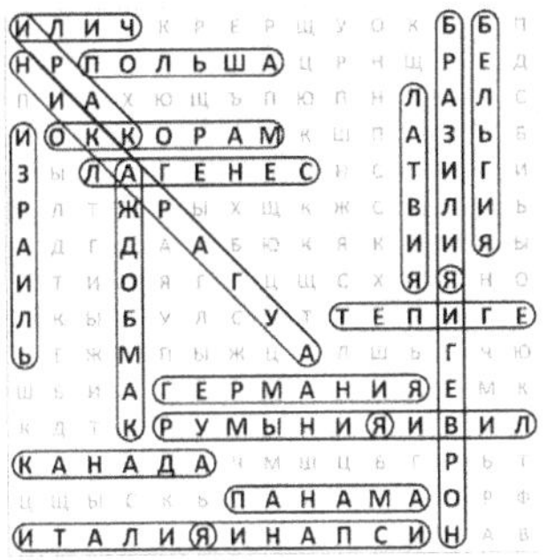

40 - Installaties

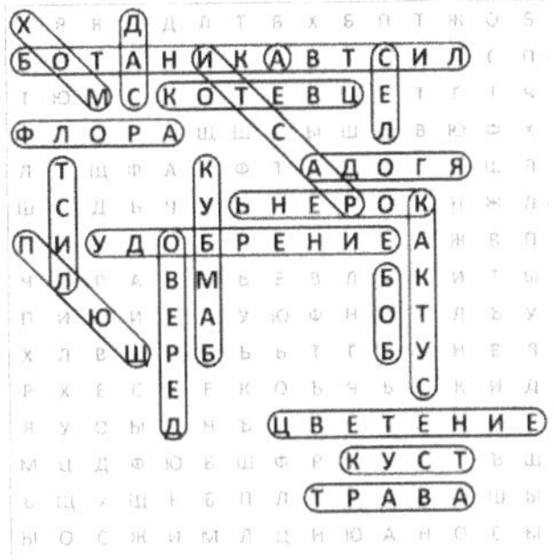

41 - Agronomie

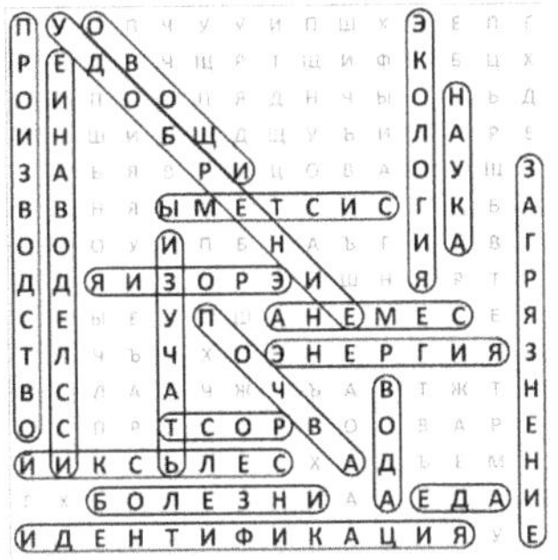

42 - Oceaan

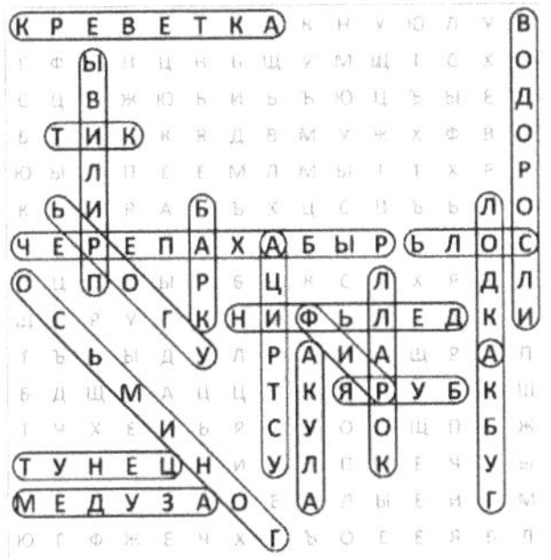

43 - Landen #2

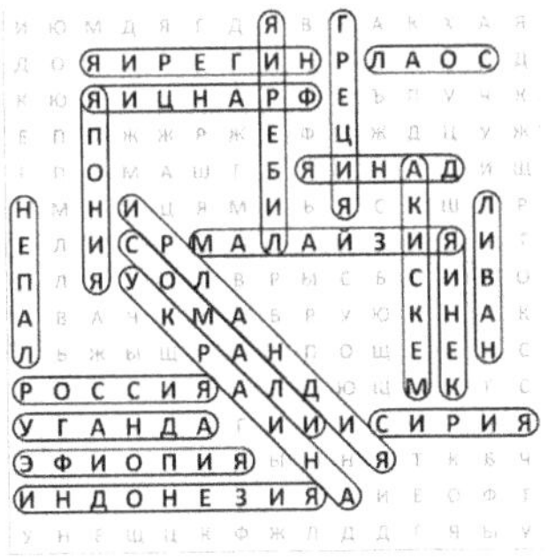

44 - Bloemen

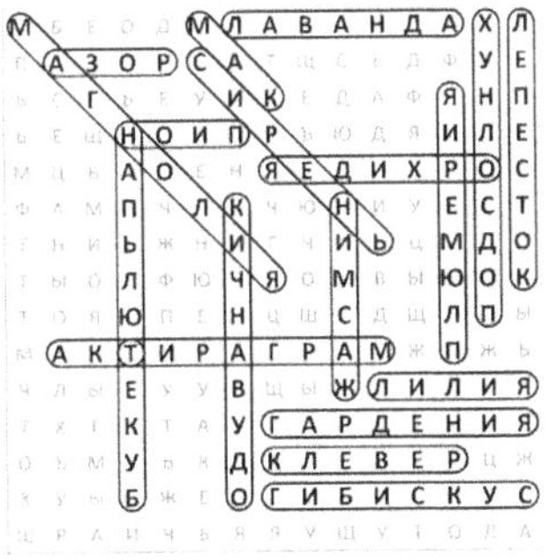

45 - Landschappen

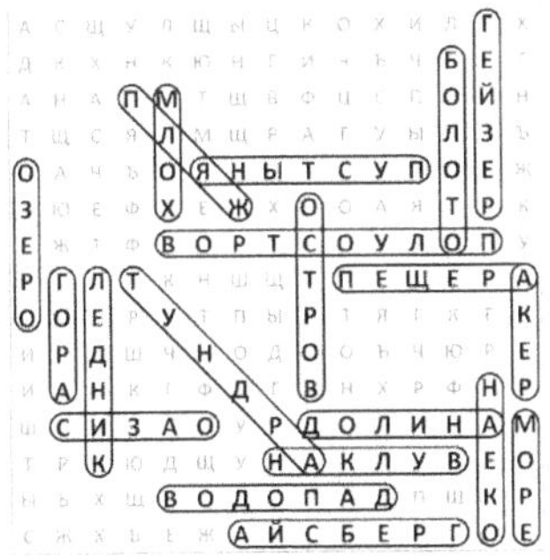

46 - Tuin

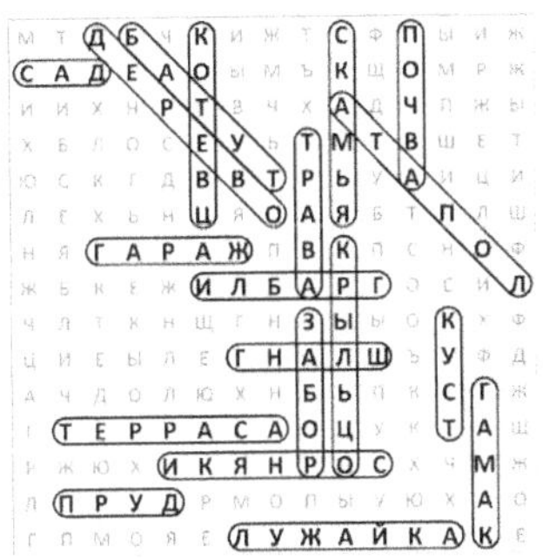

47 - Beroepen #2

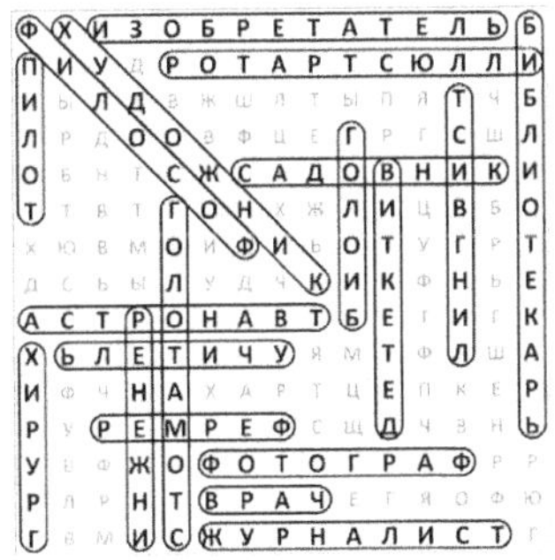

48 - Dagen en Maanden

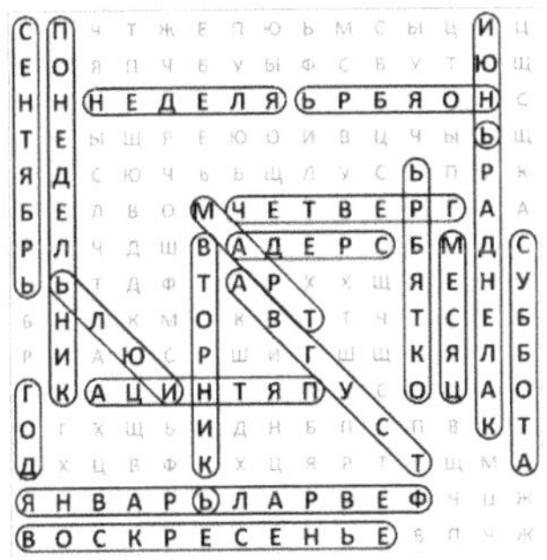

49 - Beeldende Kunsten

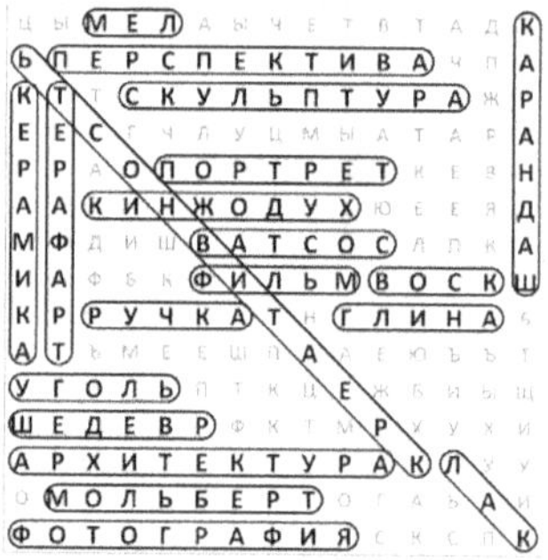

50 - Mode

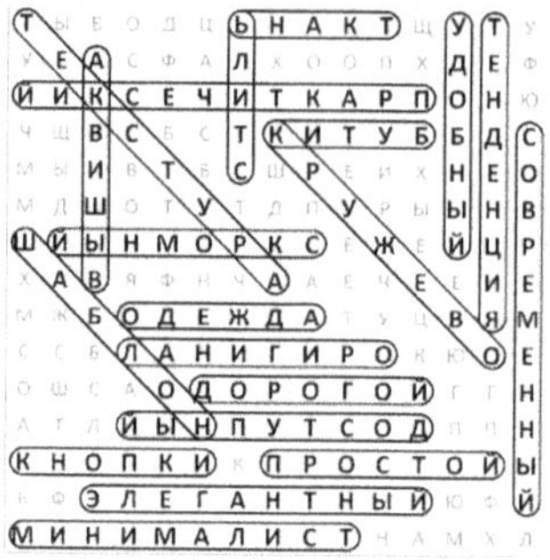

51 - Tuinieren

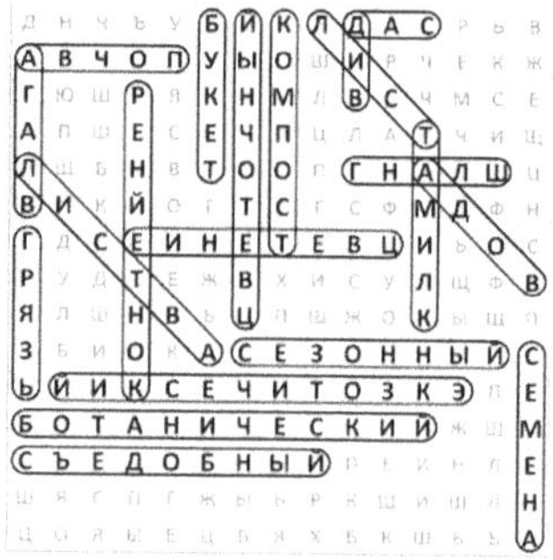

52 - Menselijk Lichaam

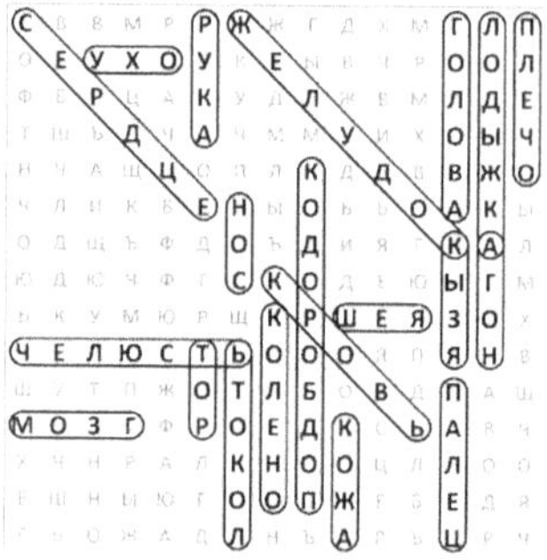

53 - Familie

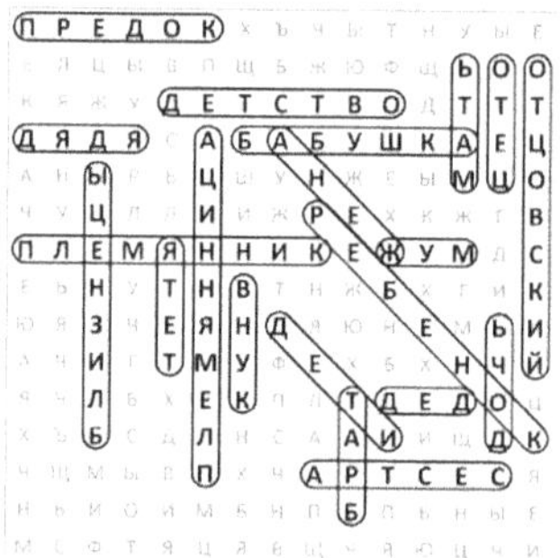

54 - Gebouwen

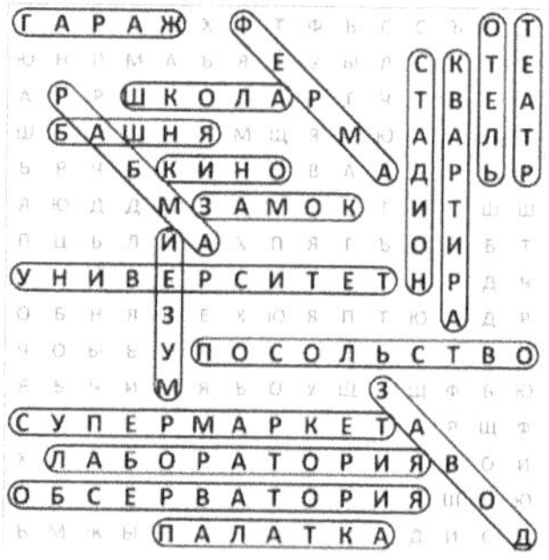

55 - Beroepen #1

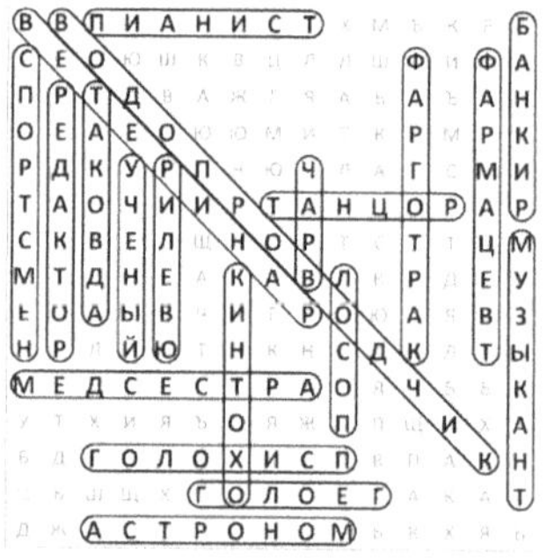

56 - Antarctica

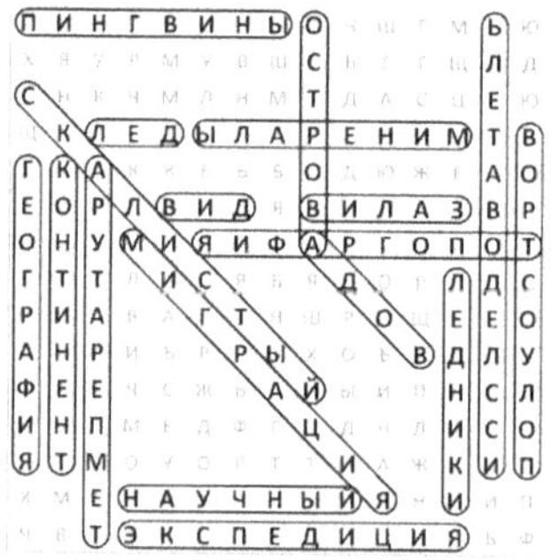

57 - Ballet

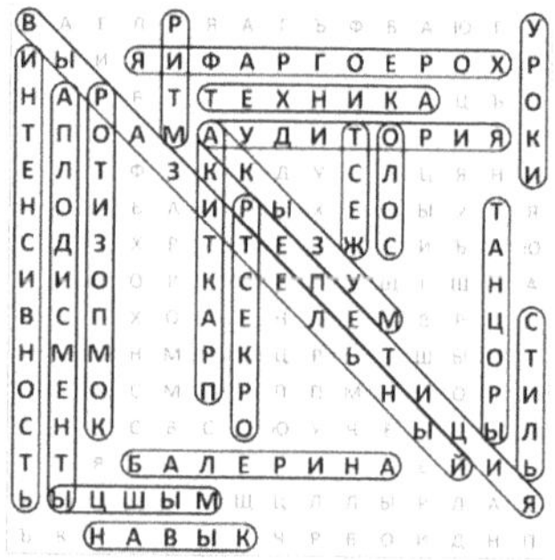

58 - Vissen

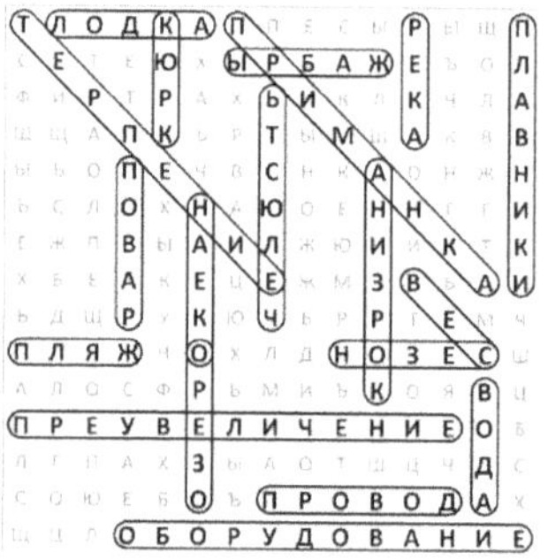

59 - Fruit

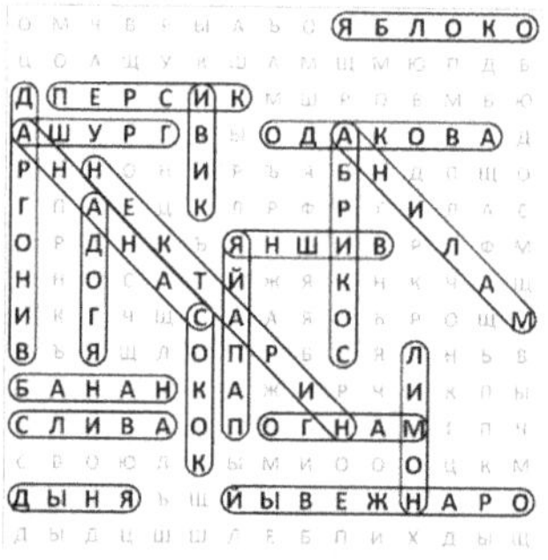

60 - Engineering

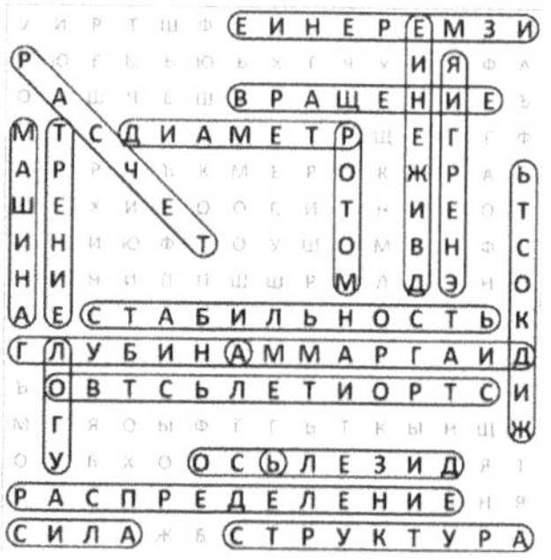

61 - Literatuur

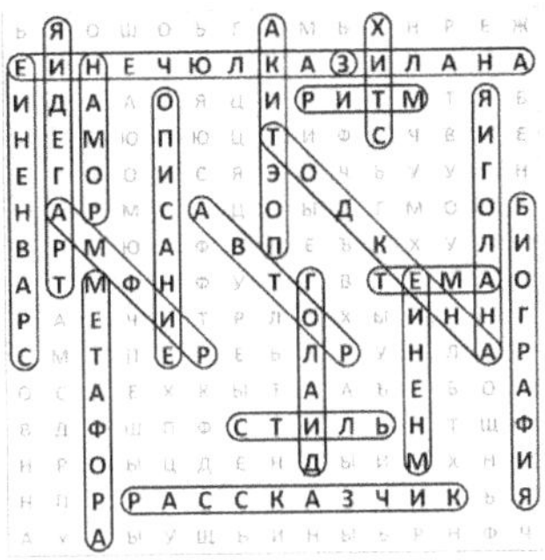

62 - Boeken

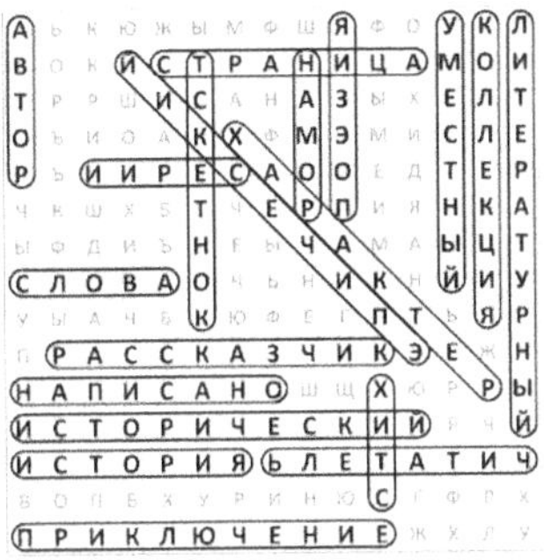

63 - Meer Informatie

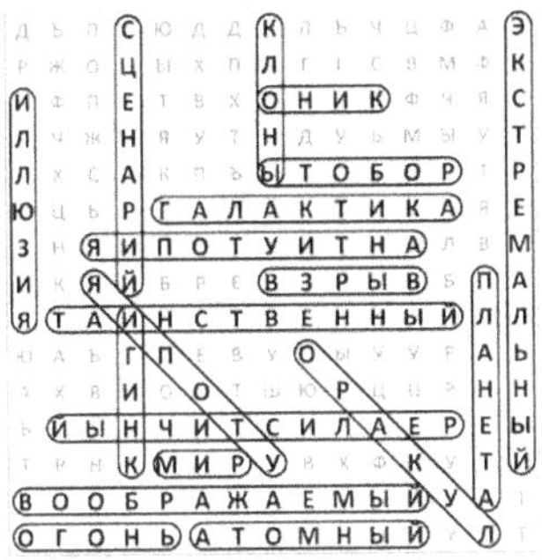

64 - Haartypes

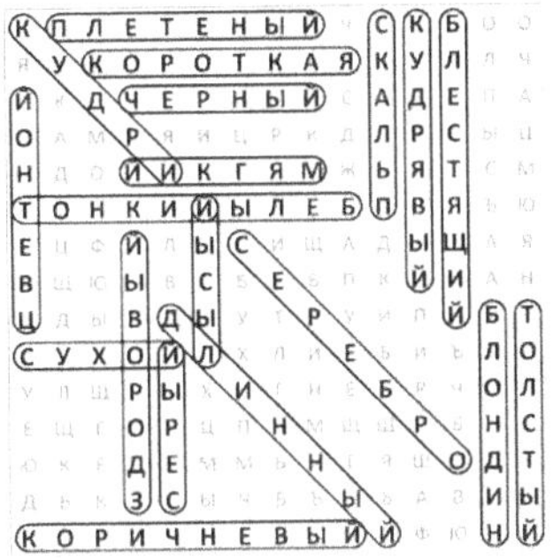

65 - Stad

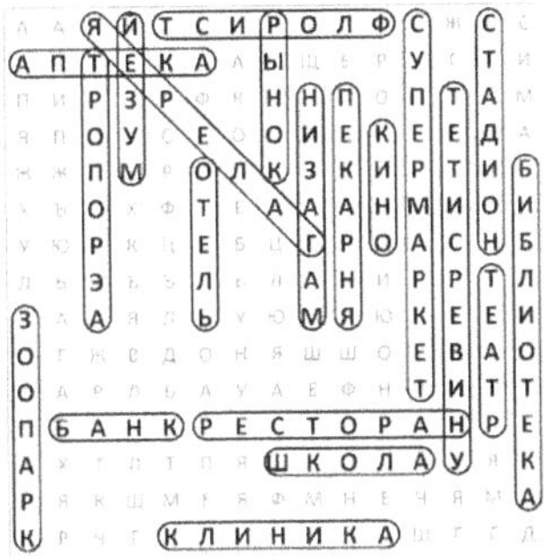

66 - Natuur

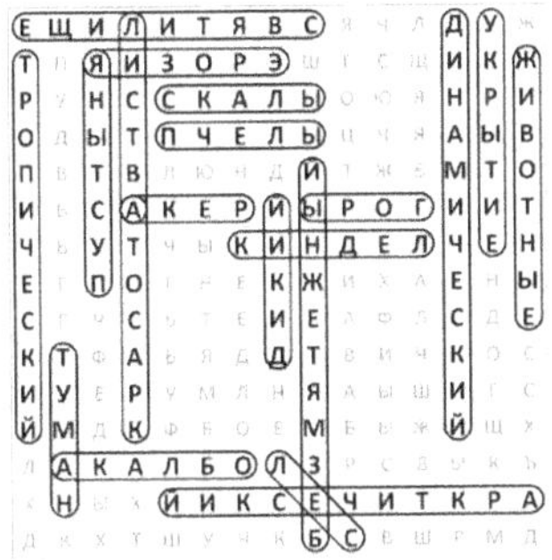

67 - Zoogdieren

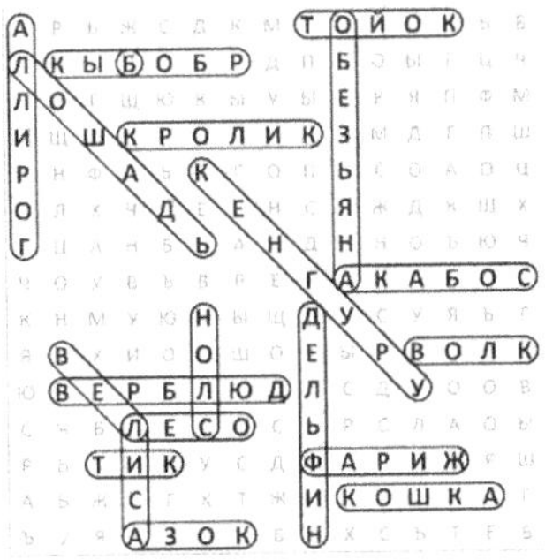

68 - Overheid

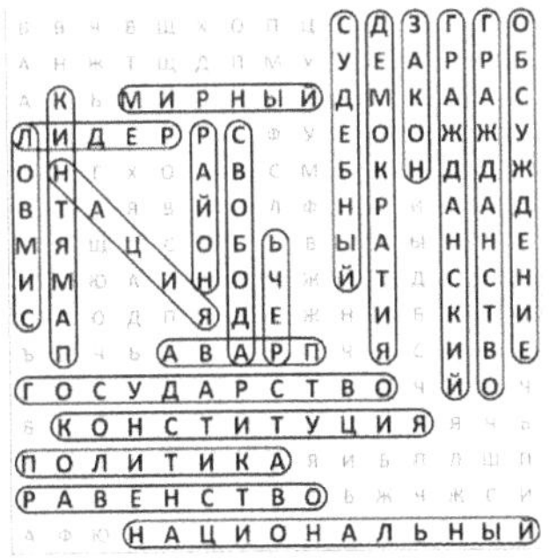

69 - Voertuigen

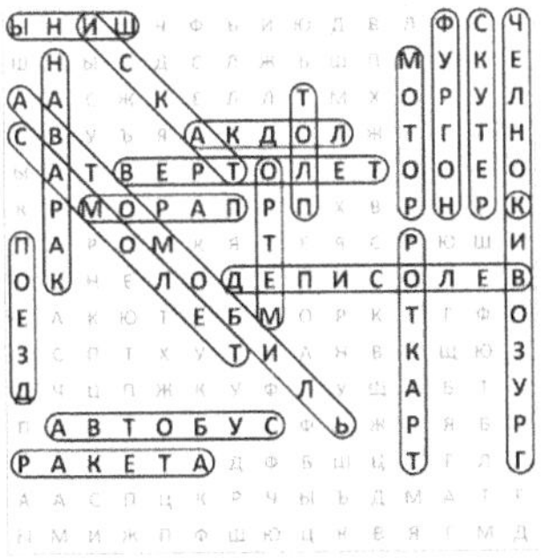

70 - Geografie

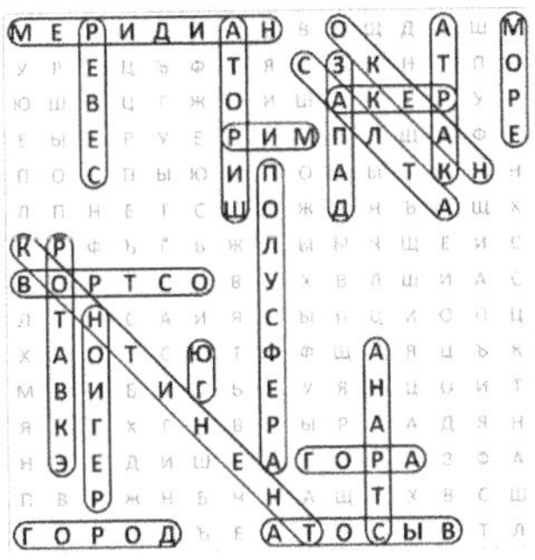

71 - Kunstbenodigdhe

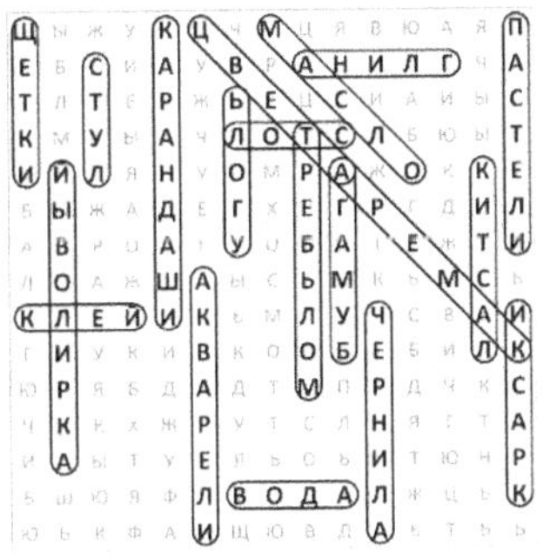

72 - Barbecues

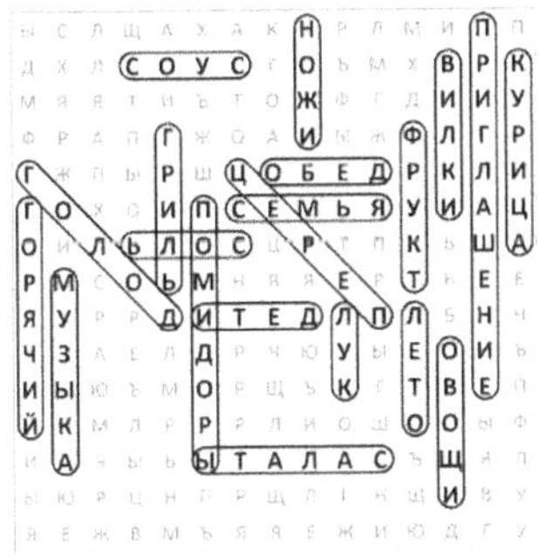

73 - Schoonheid

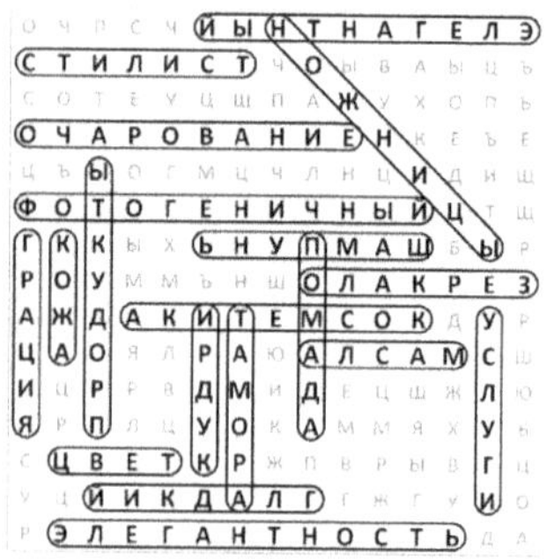

74 - Wetenschappelijk

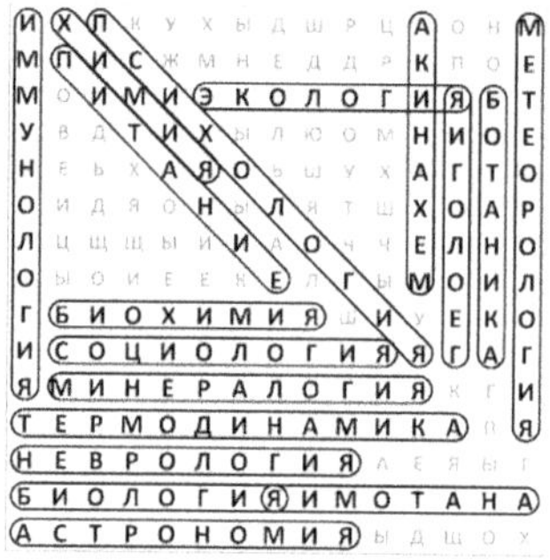

75 - Bijvoeglijke Naamwoorden

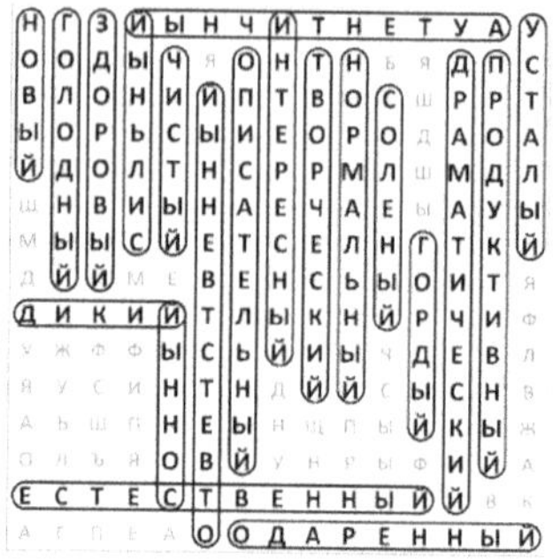

76 - Kleding

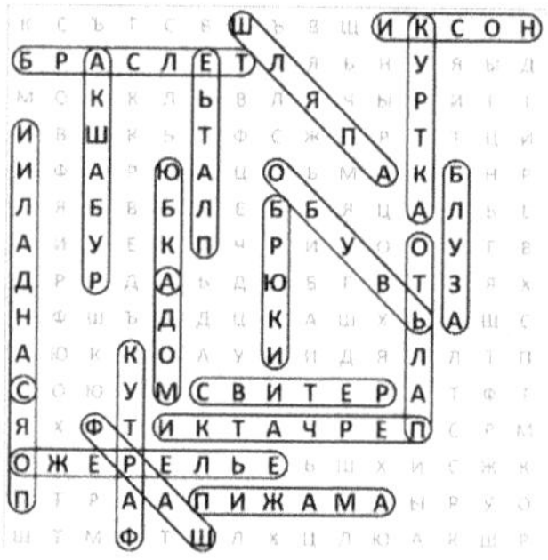

77 - Vliegtuigen

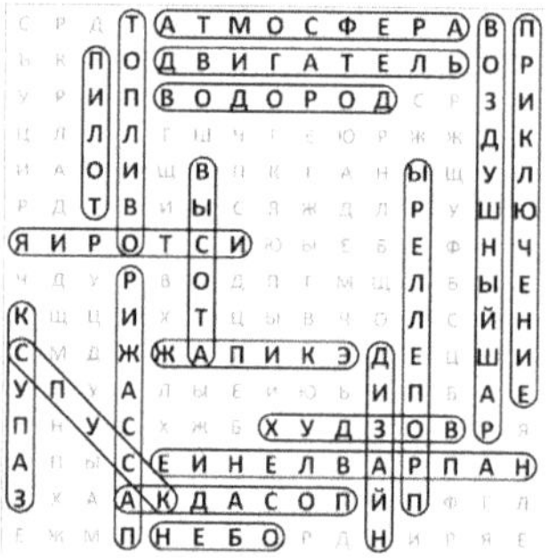

78 - Herbalisme

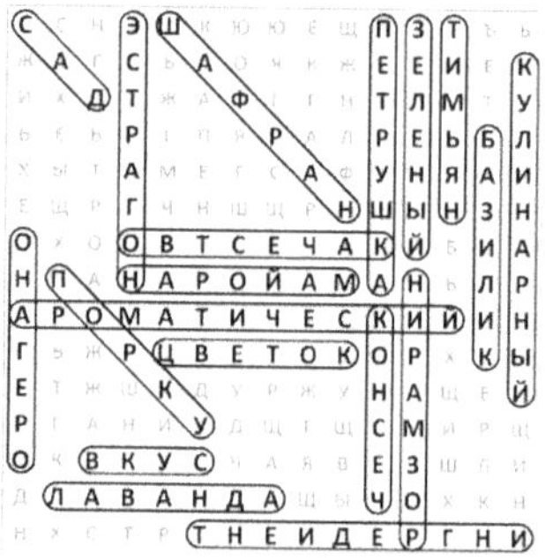

79 - Kracht en Zwaartekracht

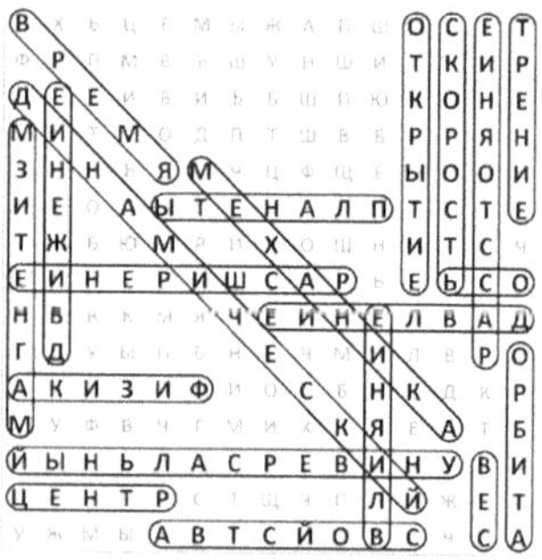

80 - Rijden

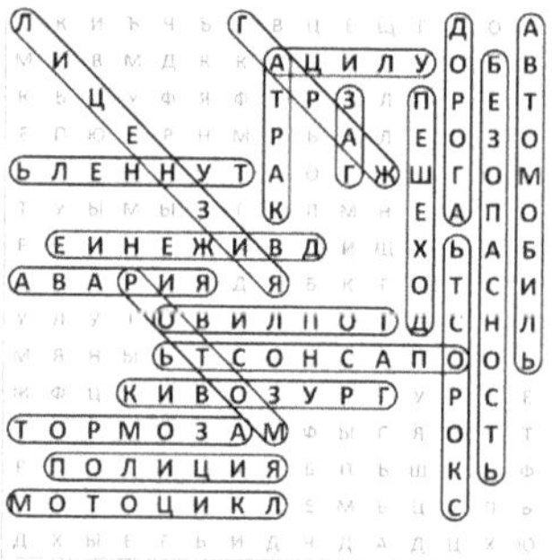

81 - Wetenschap

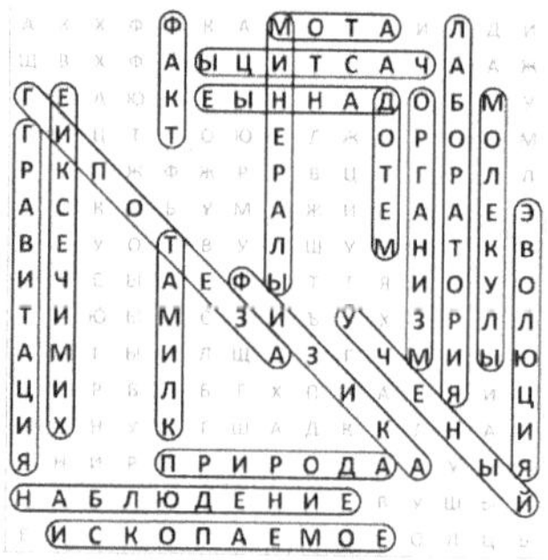

82 - Natuurkunde

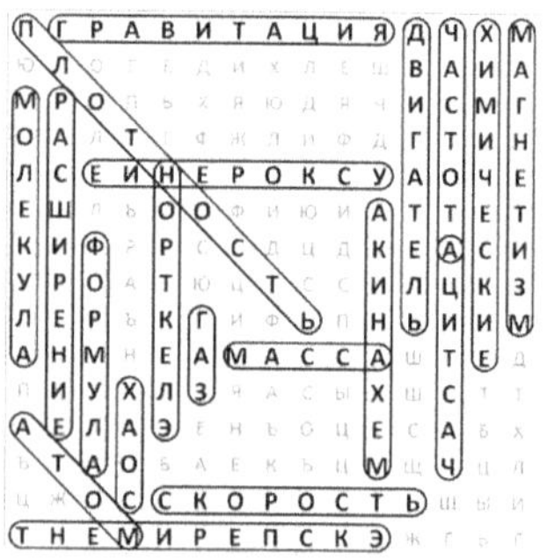

83 - Muziekinstrument

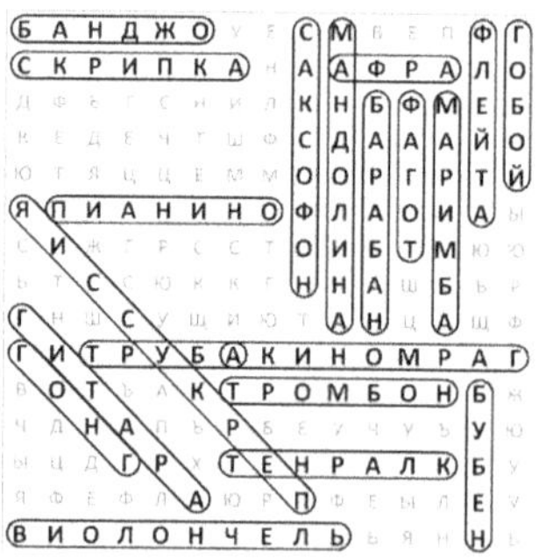

84 - Antiek

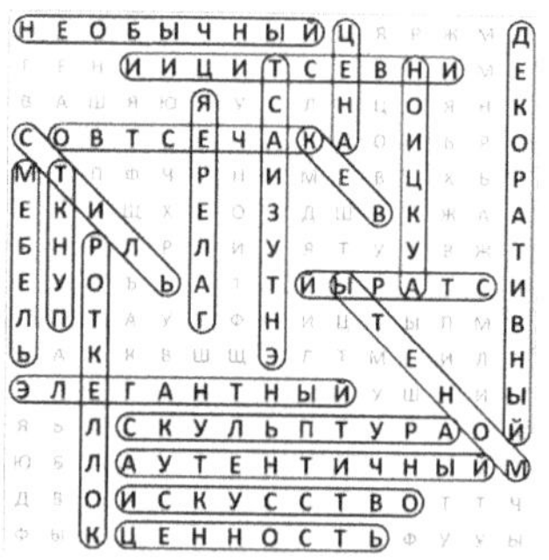

85 - Activiteiten en Vrije Ti

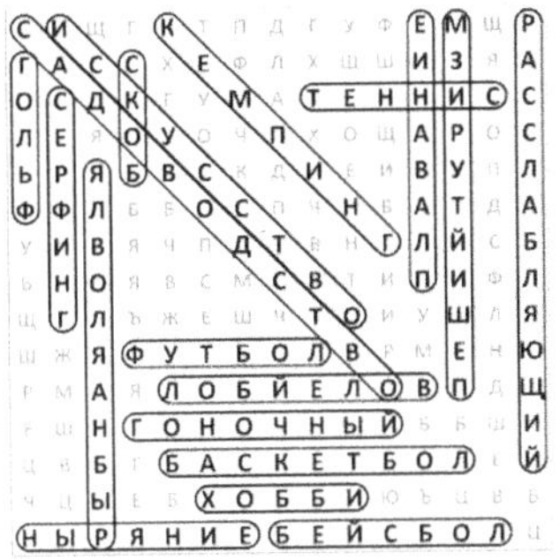

86 - Water

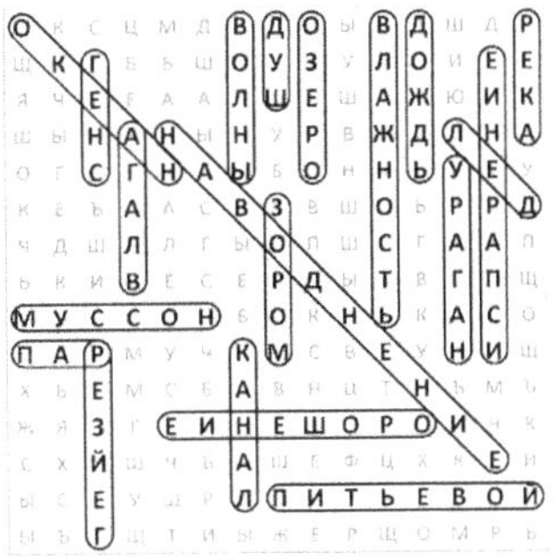

87 - Koffie

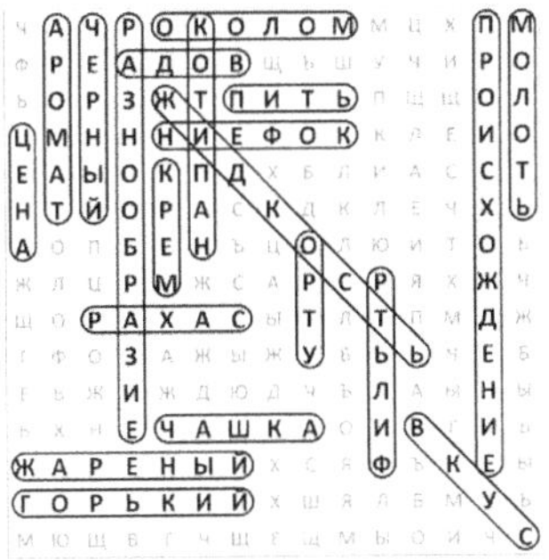

88 - Schaken

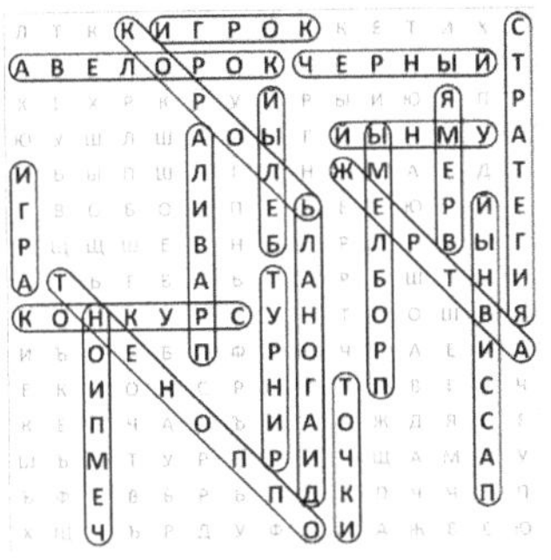

89 - Boerderij #1

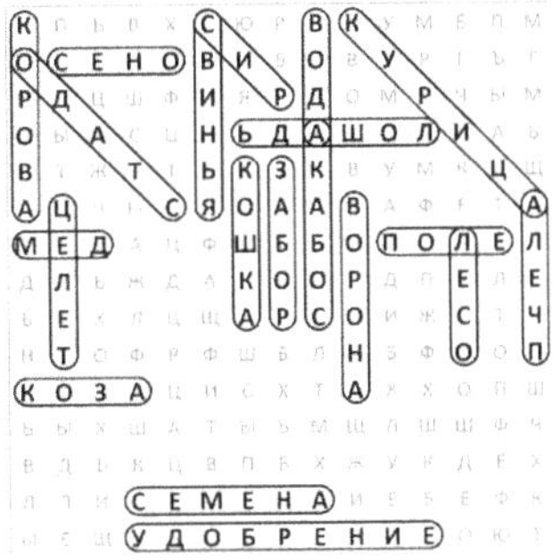

90 - Huis

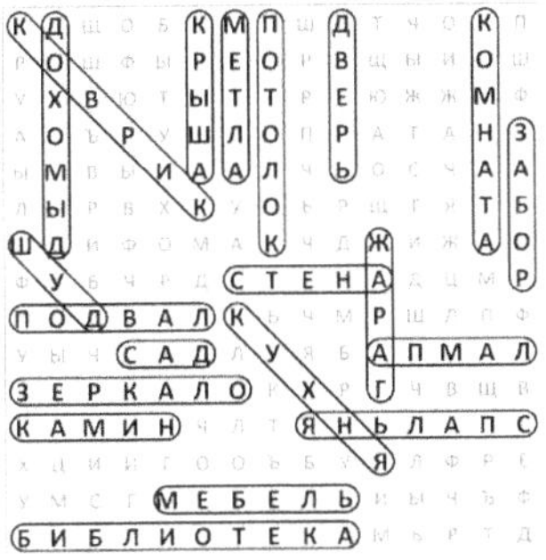

91 - Geometrie

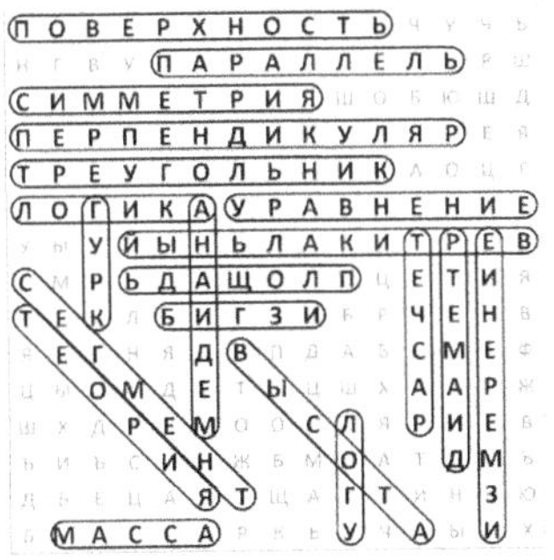

92 - Jazz

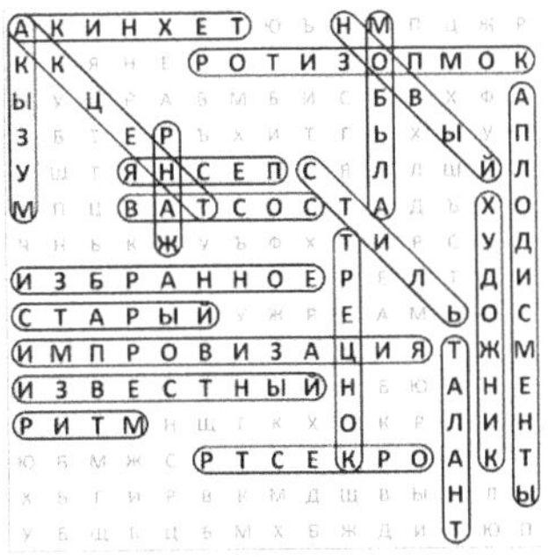

93 - Getallen

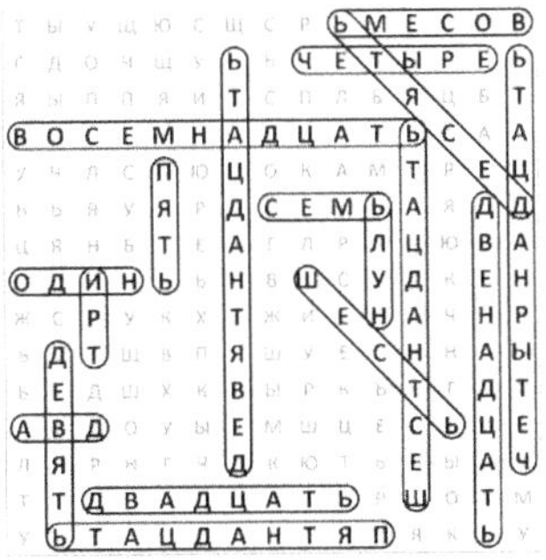

94 - Boksen

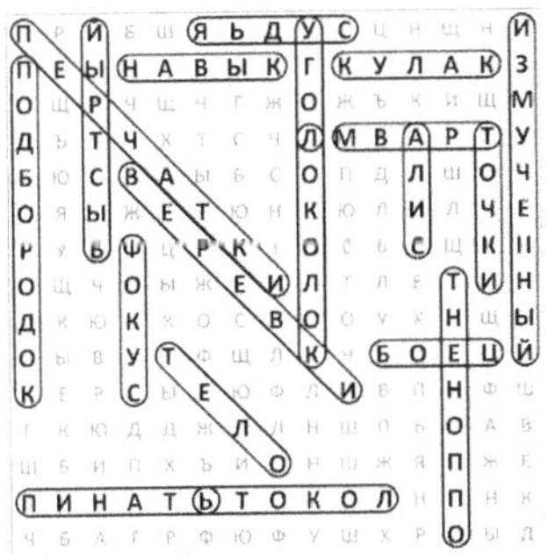

95 - Boerderij #2

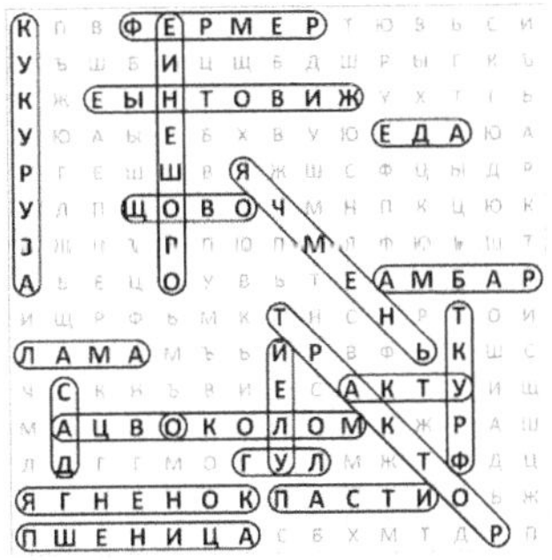

96 - Psychologie

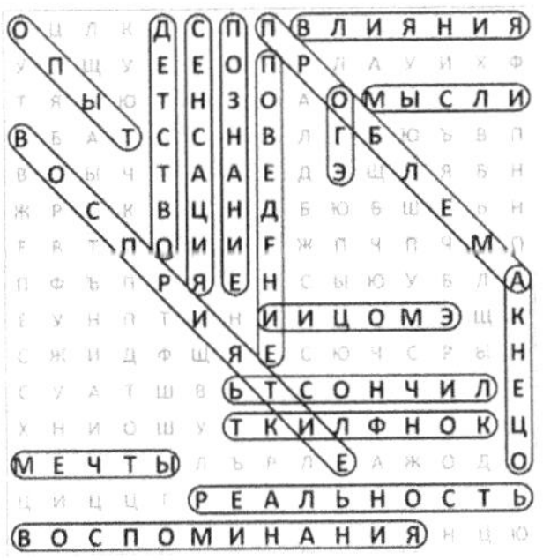

97 - Zakelijk

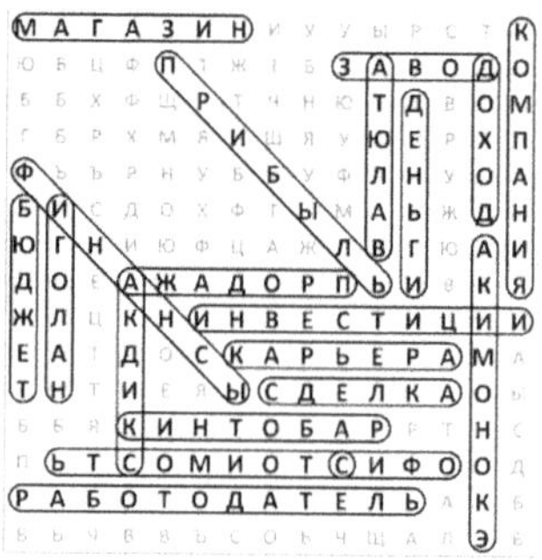

98 - Voeding

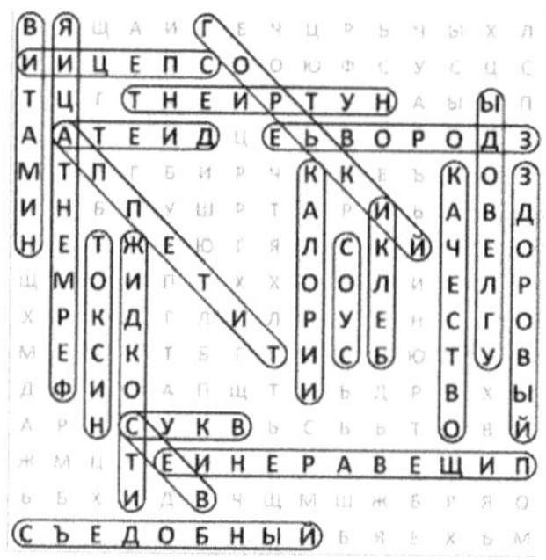

99 - Chemie

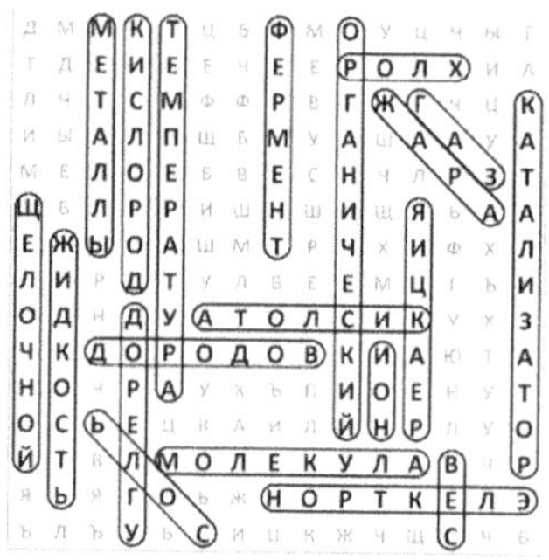

Woordenboek

Activiteiten
Виды Деятельности

Activiteit	Деятельность
Ambachten	Ремесла
Dansen	Танцы
Fotografie	Фотография
Games	Игры
Hengelsport	Рыбная Ловля
Jacht	Охота
Kamperen	Кемпинг
Keramiek	Керамика
Kunst	Искусство
Lezen	Чтение
Magie	Магия
Naaien	Шитье
Ontspanning	Релаксация
Plezier	Удовольствие
Puzzels	Загадки
Tuinieren	Садоводство
Vaardigheid	Навык
Vrije Tijd	Досуг
Wandelen	Пеший Туризм

Activiteiten en Vrije Ti
Развлечения и Досуг

Basketbal	Баскетбол
Boksen	Бокс
Duiken	Ныряние
Golf	Гольф
Hengelsport	Рыбная Ловля
Hobby	Хобби
Honkbal	Бейсбол
Kamperen	Кемпинг
Kunst	Искусство
Ontspannen	Расслабляющий
Racen	Гоночный
Surfen	Серфинг
Tennis	Теннис
Tuinieren	Садоводство
Voetbal	Футбол
Volleybal	Волейбол
Wandelen	Пеший Туризм
Zwemmen	Плавание

Agronomie
Агрономия

Bodem	Почва
Ecologie	Экология
Energie	Энергия
Erosie	Эрозия
Groei	Рост
Groente	Овощи
Identificatie	Идентификация
Landelijk	Сельский
Mest	Удобрение
Onderzoek	Исследование
Organisch	Органический
Productie	Производство
Studie	Изучать
Systemen	Системы
Vervuiling	Загрязнение
Voedsel	Еда
Water	Вода
Wetenschap	Наука
Zaden	Семена
Ziekten	Болезни

Algebra
Алгебра

Aftrekken	Вычитание
Diagram	Диаграмма
Exponent	Экспонент
Factor	Фактор
Formule	Формула
Fractie	Фракция
Grafiek	График
Haakje	Скобка
Hoeveelheid	Количество
Lineair	Линейный
Matrix	Матрица
Nul	Нуль
Oneindig	Бесконечный
Oplossing	Решение
Probleem	Проблема
Som	Сумма
Vals	Ложный
Variabele	Переменная
Vereenvoudigen	Упрощать
Vergelijking	Уравнение

Antarctica
Антарктида

Baai	Залив
Behoud	Сохранение
Continent	Континент
Eilanden	Острова
Expeditie	Экспедиция
Geografie	География
Gletsjers	Ледники
Ijs	Лед
Migratie	Миграция
Mineralen	Минералы
Onderzoeker	Исследователь
Pinguïn	Пингвины
Rotsachtig	Скалистый
Schiereiland	Полуостров
Soort	Вид
Temperatuur	Температура
Topografie	Топография
Water	Вода
Wetenschappelijk	Научный
Wolken	Облака

Antiek
Антиквариат

Authentiek	Аутентичный
Beeldhouwwerk	Скульптура
Decoratief	Декоративный
Eeuw	Век
Elegant	Элегантный
Galerij	Галерея
Investering	Инвестиции
Item	Пункт
Kunst	Искусство
Kwaliteit	Качество
Liefhebber	Энтузиаст
Meubilair	Мебель
Munten	Монеты
Ongewoon	Необычный
Oud	Старый
Prijs	Цена
Stijl	Стиль
Veiling	Аукцион
Verzamelaar	Коллектор
Waarde	Ценность

Archeologie
Археология

Analyse	Анализ
Beschaving	Цивилизация
Bevindingen	Выводы
Botten	Кости
Deskundige	Эксперт
Evaluatie	Оценка
Fossiel	Ископаемое
Fragmenten	Фрагменты
Graf	Могила
Mysterie	Тайна
Nakomeling	Потомок
Objecten	Объекты
Onbekend	Неизвестный
Onderzoeker	Исследователь
Oudheid	Древность
Relikwie	Реликвия
Team	Команда
Tempel	Храм
Tijdperk	Эра
Vergeten	Забытый

Astronomie
Астрономия

Aarde	Земля
Asteroïde	Астероид
Astronaut	Астронавт
Astronoom	Астроном
Equinox	Равноденствие
Komeet	Комета
Kosmos	Космос
Maan	Луна
Meteoor	Метеор
Nevel	Туманность
Observatorium	Обсерватория
Planeet	Планета
Raket	Ракета
Satelliet	Спутник
Ster	Звезда
Sterrenbeeld	Созвездие
Straling	Излучение
Telescoop	Телескоп
Universum	Вселенная
Zwaartekracht	Гравитация

Avontuur
Приключение

Activiteit	Деятельность
Enthousiasme	Энтузиазм
Excursie	Экскурсия
Gevaarlijk	Опасный
Kans	Шанс
Moed	Храбрость
Moeilijkheid	Трудность
Natuur	Природа
Navigatie	Навигация
Nieuw	Новый
Ongewoon	Необычный
Reisplan	Маршрут
Schoonheid	Красота
Uitdagingen	Проблемы
Veiligheid	Безопасность
Voorbereiding	Подготовка
Vreugde	Радость
Vrienden	Друзья

Ballet
Балет

Applaus	Аплодисменты
Ballerina	Балерина
Choreografie	Хореография
Componist	Композитор
Dansers	Танцоры
Expressief	Выразительный
Gebaar	Жест
Intensiteit	Интенсивность
Lessen	Уроки
Muziek	Музыка
Orkest	Оркестр
Praktijk	Практика
Publiek	Аудитория
Repetitie	Репетиция
Ritme	Ритм
Solo	Соло
Spieren	Мышцы
Stijl	Стиль
Techniek	Техника
Vaardigheid	Навык

Barbecues
Барбекю

Diner	Обед
Familie	Семья
Fruit	Фрукт
Grill	Гриль
Groente	Овощи
Heet	Горячий
Honger	Голод
Kinderen	Дети
Kip	Курица
Messen	Ножи
Muziek	Музыка
Peper	Перец
Salades	Салаты
Saus	Соус
Tomaten	Помидоры
Uien	Лук
Uitnodiging	Приглашение
Vorken	Вилки
Zomer	Лето
Zout	Соль

Beeldende Kunsten
Изобразительное Искусство

Architectuur	Архитектура
Artiest	Художник
Beeldhouwwerk	Скульптура
Creativiteit	Креативность
Ezel	Мольберт
Film	Фильм
Foto	Фотография
Houtskool	Уголь
Keramiek	Керамика
Klei	Глина
Krijt	Мел
Meesterwerk	Шедевр
Pen	Ручка
Perspectief	Перспектива
Portret	Портрет
Potlood	Карандаш
Samenstelling	Состав
Stencil	Трафарет
Vernis	Лак
Was	Воск

Beroepen #1

Профессии #1

Advocaat	Адвокат
Ambassadeur	Посол
Apotheker	Фармацевт
Astronoom	Астроном
Atleet	Спортсмен
Bankier	Банкир
Cartograaf	Картограф
Danser	Танцор
Dierenarts	Ветеринар
Dokter	Врач
Editor	Редактор
Geoloog	Геолог
Jager	Охотник
Juwelier	Ювелир
Loodgieter	Водопроводчик
Muzikant	Музыкант
Pianist	Пианист
Psycholoog	Психолог
Verpleegster	Медсестра
Wetenschapper	Ученый

Beroepen #2

Профессии #2

Arts	Врач
Astronaut	Астронавт
Bibliothecaris	Библиотекарь
Bioloog	Биолог
Boer	Фермер
Chirurg	Хирург
Detective	Детектив
Filosoof	Философ
Fotograaf	Фотограф
Illustrator	Иллюстратор
Ingenieur	Инженер
Journalist	Журналист
Leraar	Учитель
Linguïst	Лингвист
Onderzoeker	Исследователь
Piloot	Пилот
Schilder	Художник
Tandarts	Стоматолог
Tuinman	Садовник
Uitvinder	Изобретатель

Bijen

Пчелы

Bestuiver	Опылитель
Bijenkorf	Улей
Bloemen	Цветы
Bloesem	Цветение
Diversiteit	Разнообразие
Ecosysteem	Экосистема
Fruit	Фрукт
Honing	Мед
Insect	Насекомое
Koningin	Королева
Planten	Растения
Rook	Дым
Stuifmeel	Пыльца
Tuin	Сад
Vleugels	Крылья
Voedsel	Еда
Voordelig	Выгодный
Was	Воск
Zon	Солнце
Zwerm	Рой

Bijvoeglijke Naamwoorden

Прилагательные #1

Absoluut	Абсолютный
Actief	Активный
Ambitieus	Амбициозный
Aromatisch	Ароматический
Belangrijk	Важный
Diep	Глубокий
Donker	Темный
Dun	Тонкий
Eerlijk	Честный
Exotisch	Экзотический
Gelukkig	Счастливый
Identiek	Идентичный
Jong	Молодой
Lang	Длинный
Langzaam	Медленный
Modern	Современный
Onschuldig	Невинный
Perfect	Совершенный
Waardevol	Ценный
Zwaar	Тяжелый

Bijvoeglijke Naamwoorden

Прилагательные #2

Authentiek	Аутентичный
Begaafd	Одаренный
Beschrijvend	Описательный
Creatief	Творческий
Dramatisch	Драматический
Gezond	Здоровый
Hongerig	Голодный
Interessant	Интересный
Moe	Усталый
Natuurlijk	Естественный
Nieuw	Новый
Normaal	Нормальный
Productief	Продуктивный
Slaperig	Сонный
Sterk	Сильный
Trots	Гордый
Verantwoordelijk	Ответственный
Wild	Дикий
Zout	Соленый
Zuiver	Чистый

Biologie

Биология

Ademhaling	Дыхание
Anatomie	Анатомия
Cel	Ячейка
Chromosoom	Хромосома
Collageen	Коллаген
Eiwit	Белок
Embryo	Эмбрион
Enzym	Фермент
Evolutie	Эволюция
Fotosynthese	Фотосинтез
Hormoon	Гормон
Mutatie	Мутация
Natuurlijk	Естественный
Neuron	Нейрон
Osmose	Осмос
Reptiel	Рептилия
Symbiose	Симбиоз
Synaps	Синапс
Zenuw	Нерв
Zoogdier	Млекопитающее

Bloemen

Цветы

Bloemblad	Лепесток
Boeket	Букет
Gardenia	Гардения
Hibiscus	Гибискус
Jasmijn	Жасмин
Klaver	Клевер
Lavendel	Лаванда
Lelie	Лилия
Lila	Сирень
Madeliefje	Маргаритка
Magnolia	Магнолия
Orchidee	Орхидея
Paardebloem	Одуванчик
Papaver	Мак
Pioenroos	Пион
Plumeria	Плюмерия
Roos	Роза
Tulp	Тюльпан
Zonnebloem	Подсолнух

Boeken

Книги

Auteur	Автор
Avontuur	Приключение
Bladzijde	Страница
Collectie	Коллекция
Context	Контекст
Episch	Эпический
Gedicht	Стих
Geschreven	Написано
Historisch	Исторический
Karakter	Характер
Lezer	Читатель
Literair	Литературный
Poëzie	Поэзия
Relevant	Уместный
Roman	Роман
Serie	Серии
Tragisch	Трагический
Verhaal	История
Verteller	Рассказчик
Woorden	Слова

Boerderij #1

Ферма #1

Bij	Пчела
Ezel	Осел
Geit	Коза
Hek	Забор
Hond	Собака
Honing	Мед
Hooi	Сено
Kalf	Телец
Kat	Кошка
Kip	Курица
Koe	Корова
Kraai	Ворона
Kudde	Стадо
Mest	Удобрение
Paard	Лошадь
Rijst	Рис
Varken	Свинья
Veld	Поле
Water	Вода
Zaden	Семена

Boerderij #2

Ферма #2

Bijenkorf	Улей
Boer	Фермер
Boomgaard	Сад
Dieren	Животные
Eend	Утка
Fruit	Фрукт
Gerst	Ячмень
Groente	Овощ
Herder	Пасти
Irrigatie	Орошение
Lam	Ягненок
Lama	Лама
Maïs	Кукуруза
Melk	Молоко
Schaap	Овца
Schuur	Амбар
Tarwe	Пшеница
Tractor	Трактор
Voedsel	Еда
Weide	Луг

Boksen

Заниматься Боксом

Elleboog	Локоть
Focus	Фокус
Handschoenen	Перчатки
Hoek	Угол
Kin	Подбородок
Klok	Колокол
Kracht	Сила
Lichaam	Тело
Punten	Точки
Scheidsrechter	Судья
Schoppen	Пинать
Snel	Быстрый
Tegenstander	Оппонент
Touwen	Веревки
Uitgeput	Измученный
Vaardigheid	Навык
Vechter	Боец
Verwondingen	Травм
Vuist	Кулак

Boten

Лодки

Anker	Якорь
Bemanning	Экипаж
Boei	Буй
Dok	Док
Golven	Волны
Jacht	Яхта
Kajak	Каяк
Kano	Каноэ
Mast	Мачта
Matroos	Моряк
Meer	Озеро
Motor	Двигатель
Nautisch	Морской
Oceaan	Океан
Rivier	Река
Tij	Прилив
Touw	Веревка
Veerboot	Паром
Vlot	Плот
Zee	Море

Camping
Кемпинг

Avontuur	Приключение
Berg	Гора
Bomen	Деревья
Bos	Лес
Brand	Огонь
Dieren	Животные
Hangmat	Гамак
Hoed	Шляпа
Insect	Насекомое
Jacht	Охота
Kaart	Карта
Kano	Каноэ
Kompas	Компас
Lantaarn	Фонарь
Maan	Луна
Meer	Озеро
Natuur	Природа
Tent	Палатка
Touw	Веревка
Verhalen	Истории

Chemie
Химия

Alkalisch	Щелочной
Chloor	Хлор
Elektron	Электрон
Enzym	Фермент
Gas	Газ
Gewicht	Вес
Ion	Ион
Katalysator	Катализатор
Koolstof	Углерод
Metalen	Металлы
Molecuul	Молекула
Organisch	Органический
Reactie	Реакция
Temperatuur	Температура
Vloeistof	Жидкость
Warmte	Жара
Waterstof	Водород
Zout	Соль
Zuur	Кислота
Zuurstof	Кислород

Chocolade
Шоколад

Antioxidant	Антиоксидант
Aroma	Аромат
Bitter	Горький
Cacao	Какао
Calorieën	Калории
Exotisch	Экзотический
Favoriet	Любимый
Heerlijk	Вкусный
Ingrediënt	Ингредиент
Karamel	Карамель
Kokosnoot	Кокос
Kwaliteit	Качество
Pinda'S	Арахис
Poeder	Порошок
Recept	Рецепт
Smaak	Вкус
Snoep	Конфеты
Suiker	Сахар
Zoet	Сладкий

Dagen en Maanden
Дни и Месяцы

Augustus	Август
Dinsdag	Вторник
Donderdag	Четверг
Februari	Февраль
Jaar	Год
Januari	Январь
Juli	Июль
Juni	Июнь
Kalender	Календарь
Maand	Месяц
Maandag	Понедельник
Maart	Март
November	Ноябрь
Oktober	Октябрь
September	Сентябрь
Vrijdag	Пятница
Week	Неделя
Woensdag	Среда
Zaterdag	Суббота
Zondag	Воскресенье

Dans
Танец

Academie	Академия
Beweging	Движение
Blij	Радостный
Choreografie	Хореография
Cultureel	Культурный
Cultuur	Культура
Emotie	Эмоция
Expressief	Выразительный
Genade	Грация
Houding	Поза
Klassiek	Классический
Kunst	Искусство
Lichaam	Тело
Muziek	Музыка
Partner	Партнер
Repetitie	Репетиция
Ritme	Ритм
Traditioneel	Традиционный
Visueel	Визуальный

Diplomatie
Дипломатия

Adviseur	Советник
Ambassade	Посольство
Ambassadeur	Посол
Bondgenoot	Союзник
Buitenlands	Иностранный
Burgers	Граждане
Campagnes	Кампании
Conflict	Конфликт
Discussie	Обсуждение
Ethiek	Этика
Gemeenschap	Сообщество
Humanitair	Гуманитарный
Integriteit	Целостность
Oplossing	Решение
Politiek	Политика
Regering	Правительство
Resolutie	Резолюция
Talen	Языки
Veiligheid	Безопасность
Verdrag	Договор

Emoties
Эмоции

Angst	Страх
Beschaamd	Смущенный
Dankbaar	Благодарный
Droefheid	Печаль
Gelukzaligheid	Блаженство
Inhoud	Содержание
Kalm	Спокойный
Liefde	Любовь
Ontspannen	Расслабленный
Opluchting	Облегчение
Rust	Спокойствие
Sympathie	Симпатия
Tederheid	Нежность
Tevreden	Доволен
Verrassing	Сюрприз
Verveling	Скука
Vrede	Мир
Vreugde	Радость
Vriendelijkheid	Доброта
Woede	Гнев

Engineering
Инженерия

As	Ось
Berekening	Расчет
Beweging	Движение
Bouw	Строительство
Diagram	Диаграмма
Diameter	Диаметр
Diepte	Глубина
Diesel	Дизель
Distributie	Распределение
Energie	Энергия
Hoek	Угол
Kracht	Сила
Machine	Машина
Meting	Измерение
Motor	Мотор
Rotatie	Вращение
Stabiliteit	Стабильность
Structuur	Структура
Vloeistof	Жидкость
Wrijving	Трение

Eten #1
Еда #1

Aardbei	Клубника
Abrikoos	Абрикос
Basilicum	Базилик
Citroen	Лимон
Gerst	Ячмень
Kaneel	Корица
Knoflook	Чеснок
Melk	Молоко
Peer	Груша
Pinda	Арахис
Salade	Салат
Sap	Сок
Soep	Суп
Spinazie	Шпинат
Suiker	Сахар
Tonijn	Тунец
Ui	Лук
Vlees	Мясо
Wortel	Морковь
Zout	Соль

Eten #2
Еда #2

Amandel	Миндаль
Ananas	Ананас
Appel	Яблоко
Asperge	Спаржа
Aubergine	Баклажан
Banaan	Банан
Broccoli	Брокколи
Brood	Хлеб
Druif	Виноград
Ei	Яйцо
Ham	Ветчина
Kaas	Сыр
Kip	Курица
Kiwi	Киви
Perzik	Персик
Rijst	Рис
Tarwe	Пшеница
Tomaat	Помидор
Vis	Рыба
Yoghurt	Йогурт

Familie
Семья

Broer	Брат
Dochter	Дочь
Grootmoeder	Бабушка
Jeugd	Детство
Kind	Ребенок
Kinderen	Дети
Kleinzoon	Внук
Man	Муж
Moeder	Мать
Neef	Племянник
Nicht	Племянница
Oom	Дядя
Opa	Дед
Tante	Тетя
Tweeling	Близнецы
Vader	Отец
Vaderlijk	Отцовский
Voorouder	Предок
Vrouw	Жена
Zus	Сестра

Fruit
Фрукты

Abrikoos	Абрикос
Ananas	Ананас
Appel	Яблоко
Avocado	Авокадо
Banaan	Банан
Bes	Ягода
Citroen	Лимон
Druif	Виноград
Framboos	Малина
Kers	Вишня
Kiwi	Киви
Kokosnoot	Кокос
Mango	Манго
Meloen	Дыня
Nectarine	Нектарин
Oranje	Оранжевый
Papaja	Папайя
Peer	Груша
Perzik	Персик
Pruim	Слива

Gebouwen
Здания

Ambassade	Посольство
Appartement	Квартира
Bioscoop	Кино
Boerderij	Ферма
Fabriek	Завод
Garage	Гараж
Hotel	Отель
Kasteel	Замок
Laboratorium	Лаборатория
Museum	Музей
Observatorium	Обсерватория
School	Школа
Schuur	Амбар
Stadion	Стадион
Supermarkt	Супермаркет
Tent	Палатка
Theater	Театр
Toren	Башня
Universiteit	Университет
Ziekenhuis	Больница

Geografie
География

Atlas	Атлас
Berg	Гора
Breedtegraad	Широта
Continent	Континент
Eiland	Остров
Evenaar	Экватор
Halfrond	Полусфера
Hoogte	Высота
Kaart	Карта
Land	Страна
Meridiaan	Меридиан
Noorden	Север
Oceaan	Океан
Regio	Регион
Rivier	Река
Stad	Город
Wereld	Мир
Westen	Запад
Zee	Море
Zuiden	Юг

Geologie
Геология

Aardbeving	Землетрясение
Calcium	Кальций
Continent	Континент
Erosie	Эрозия
Fossiel	Ископаемое
Geiser	Гейзер
Gesmolten	Расплавленный
Grot	Пещера
Koraal	Коралл
Kristallen	Кристаллы
Kwarts	Кварц
Laag	Слой
Lava	Лава
Plateau	Плато
Stalactiet	Сталактит
Steen	Камень
Vulkaan	Вулкан
Zone	Зона
Zout	Соль
Zuur	Кислота

Geometrie
Геометрия

Berekening	Расчет
Cirkel	Круг
Curve	Изгиб
Diameter	Диаметр
Dimensie	Измерение
Driehoek	Треугольник
Hoek	Угол
Hoogte	Высота
Logica	Логика
Loodrecht	Перпендикуляр
Massa	Масса
Mediaan	Медиана
Oppervlak	Поверхность
Parallel	Параллель
Segment	Сегмент
Symmetrie	Симметрия
Theorie	Теория
Vergelijking	Уравнение
Verticaal	Вертикальный
Vierkant	Площадь

Getallen
Цифры

Acht	Восемь
Achttien	Восемнадцать
Dertien	Тринадцать
Drie	Три
Een	Один
Negen	Девять
Negentien	Девятнадцать
Nul	Нуль
Tien	Десять
Twaalf	Двенадцать
Twee	Два
Twintig	Двадцать
Veertien	Четырнадцать
Vier	Четыре
Vijf	Пять
Vijftien	Пятнадцать
Zes	Шесть
Zestien	Шестнадцать
Zeven	Семь
Zeventien	Семнадцать

Gezondheid en Welzijn #1
Здоровье и Благополучие #1

Actief	Активный
Apotheek	Аптека
Bacteriën	Бактерии
Behandeling	Лечение
Breuk	Перелом
Dokter	Врач
Gewoonte	Привычка
Honger	Голод
Hoogte	Высота
Hormonen	Гормоны
Huid	Кожа
Kliniek	Клиника
Letsel	Травма
Medicijn	Медицина
Ontspanning	Релаксация
Reflex	Рефлекс
Spieren	Мышцы
Therapie	Терапия
Virus	Вирус
Zenuwen	Нервы

Gezondheid en Welzijn #2
Здоровье и Благополучие #2

Allergie	Аллергия
Anatomie	Анатомия
Bloed	Кровь
Calorie	Калория
Dieet	Диета
Energie	Энергия
Genetica	Генетика
Gewicht	Вес
Gezond	Здоровый
Hygiëne	Гигиена
Infectie	Инфекция
Kracht	Сила
Lichaam	Тело
Massage	Массаж
Spijsvertering	Пищеварение
Stress	Стресс
Vitamine	Витамин
Voeding	Питание
Ziekenhuis	Больница
Ziekte	Болезнь

Groenten
Овощи

Artisjok	Артишок
Aubergine	Баклажан
Broccoli	Брокколи
Erwt	Горох
Gember	Имбирь
Knoflook	Чеснок
Komkommer	Огурец
Olijf	Оливка
Paddestoel	Гриб
Peterselie	Петрушка
Pompoen	Тыква
Raap	Репа
Radijs	Редис
Salade	Салат
Selderij	Сельдерей
Sjalot	Шалот
Spinazie	Шпинат
Tomaat	Помидор
Ui	Лук
Wortel	Морковь

Haartypes
Типы Волос

Blond	Блондин
Bruin	Коричневый
Dik	Толстый
Droog	Сухой
Dun	Тонкий
Gekleurd	Цветной
Gevlochten	Плетеный
Gezond	Здоровый
Glimmend	Блестящий
Grijs	Серый
Hoofdhuid	Скальп
Kaal	Лысый
Kort	Короткая
Krullen	Кудри
Krullend	Кудрявый
Lang	Длинный
Wit	Белый
Zacht	Мягкий
Zilver	Серебро
Zwart	Черный

Herbalisme
Тимбализм

Aromatisch	Ароматический
Basilicum	Базилик
Bloem	Цветок
Culinair	Кулинарный
Dille	Укроп
Dragon	Эстрагон
Groen	Зеленый
Ingrediënt	Ингредиент
Knoflook	Чеснок
Kwaliteit	Качество
Lavendel	Лаванда
Marjolein	Майоран
Oregano	Орегано
Peterselie	Петрушка
Rozemarijn	Розмарин
Saffraan	Шафран
Smaak	Вкус
Tijm	Тимьян
Tuin	Сад
Venkel	Фенхель

Huis
Дом

Bezem	Метла
Bibliotheek	Библиотека
Dak	Крыша
Deur	Дверь
Douche	Душ
Garage	Гараж
Haard	Камин
Hek	Забор
Kamer	Комната
Kelder	Подвал
Keuken	Кухня
Lamp	Лампа
Meubilair	Мебель
Muur	Стена
Plafond	Потолок
Schoorsteen	Дымоход
Slaapkamer	Спальня
Spiegel	Зеркало
Tapijt	Коврик
Tuin	Сад

Immigratie
Иммиграция

Administratie	Администрация
Bescherming	Защита
Communicatie	Коммуникация
Documenten	Документы
Goedkeuring	Утверждение
Grenzen	Границы
Huisvesting	Жилье
Hulp	Помощь
Kinderen	Дети
Officier	Офицер
Onderhandeling	Переговоры
Oplossing	Решение
Proces	Процесс
Situatie	Ситуация
Stress	Стресс
Taal	Язык
Termijn	Крайний Срок
Volwassenen	Взрослые
Wet	Закон

Installaties
Растения

Bamboe	Бамбук
Bes	Ягода
Blad	Лист
Bloem	Цветок
Bloesem	Цветение
Boom	Дерево
Boon	Боб
Bos	Лес
Cactus	Кактус
Flora	Флора
Gebladerte	Листва
Gras	Трава
Groeien	Расти
Klimop	Плющ
Mest	Удобрение
Mos	Мох
Plantkunde	Ботаника
Struik	Куст
Tuin	Сад
Wortel	Корень

Jazz
Джаз

Album	Альбом
Applaus	Аплодисменты
Artiest	Художник
Beroemd	Известный
Componist	Композитор
Concert	Концерт
Favorieten	Избранное
Genre	Жанр
Improvisatie	Импровизация
Lied	Песня
Muziek	Музыка
Nadruk	Акцент
Nieuw	Новый
Orkest	Оркестр
Oud	Старый
Ritme	Ритм
Samenstelling	Состав
Stijl	Стиль
Talent	Талант
Techniek	Техника

Keuken
Кухня

Cup	Чашки
Grill	Гриль
Ketel	Чайник
Koelkast	Холодильник
Kom	Чаша
Kruik	Кувшин
Lepels	Ложки
Messen	Ножи
Oven	Печь
Pollepel	Ковш
Pot	Банка
Recept	Рецепт
Schort	Фартук
Servet	Салфетка
Specerijen	Специи
Spons	Губка
Voedsel	Еда
Vorken	Вилки
Vriezer	Морозилка

Kleding
Одежда

Armband	Браслет
Blouse	Блуза
Broek	Брюки
Handschoenen	Перчатки
Hoed	Шляпа
Jas	Пальто
Jasje	Куртка
Jurk	Платье
Ketting	Ожерелье
Mode	Мода
Pyjama	Пижама
Riem	Пояс
Rok	Юбка
Sandalen	Сандалии
Schoen	Обувь
Schort	Фартук
Shirt	Рубашка
Sjaal	Шарф
Sokken	Носки
Trui	Свитер

Koffie
Кофе

Aroma	Аромат
Beker	Чашка
Bitter	Горький
Cafeïne	Кофеин
Drank	Напиток
Drinken	Пить
Filter	Фильтр
Geroosterd	Жареный
Malen	Молоть
Melk	Молоко
Ochtend	Утро
Oorsprong	Происхождение
Prijs	Цена
Room	Крем
Smaak	Вкус
Suiker	Сахар
Variëteit	Разнообразие
Vloeistof	Жидкость
Water	Вода
Zwart	Черный

Kracht en Zwaartekracht
Сила и Гравитация

Afstand	Расстояние
As	Ось
Baan	Орбита
Beweging	Движение
Centrum	Центр
Druk	Давление
Dynamisch	Динамический
Eigendommen	Свойства
Gewicht	Вес
Impact	Влияние
Magnetisme	Магнетизм
Mechanica	Механика
Natuurkunde	Физика
Ontdekking	Открытие
Planeten	Планеты
Snelheid	Скорость
Tijd	Время
Uitbreiding	Расширение
Universeel	Универсальный
Wrijving	Трение

Kunstbenodigdheden
Художественные Принадлежности

Acryl	Акриловый
Aquarellen	Акварели
Borstels	Щетки
Camera	Камера
Creativiteit	Креативность
Ezel	Мольберт
Gom	Ластик
Houtskool	Уголь
Inkt	Чернила
Klei	Глина
Kleuren	Цвета
Lijm	Клей
Olie	Масло
Papier	Бумага
Pastel	Пастели
Potloden	Карандаши
Stoel	Стул
Tafel	Стол
Verf	Краски
Water	Вода

Landen #1
Страны #1

België	Бельгия
Brazilië	Бразилия
Cambodja	Камбоджа
Canada	Канада
Chili	Чили
Duitsland	Германия
Egypte	Египет
Irak	Ирак
Israël	Израиль
Italië	Италия
Letland	Латвия
Libië	Ливия
Marokko	Марокко
Nicaragua	Никарагуа
Noorwegen	Норвегия
Panama	Панама
Polen	Польша
Roemenië	Румыния
Senegal	Сенегал
Spanje	Испания

Landen #2
Страны #2

Denemarken	Дания
Ethiopië	Эфиопия
Frankrijk	Франция
Griekenland	Греция
Ierland	Ирландия
Indonesië	Индонезия
Japan	Япония
Kenia	Кения
Laos	Лаос
Libanon	Ливан
Liberia	Либерия
Maleisië	Малайзия
Mexico	Мексика
Nepal	Непал
Nigeria	Нигерия
Oeganda	Уганда
Oekraïne	Украина
Rusland	Россия
Somalië	Сомали
Syrië	Сирия

Landschappen
Пейзажи

Berg	Гора
Eiland	Остров
Geiser	Гейзер
Gletsjer	Ледник
Grot	Пещера
Heuvel	Холм
Ijsberg	Айсберг
Meer	Озеро
Moeras	Болото
Oase	Оазис
Oceaan	Океан
Rivier	Река
Schiereiland	Полуостров
Strand	Пляж
Toendra	Тундра
Vallei	Долина
Vulkaan	Вулкан
Waterval	Водопад
Woestijn	Пустыня
Zee	Море

Literatuur
Литература

Analogie	Аналогия
Analyse	Анализ
Anekdote	Анекдот
Auteur	Автор
Biografie	Биография
Conclusie	Заключение
Dialoog	Диалог
Gedicht	Стих
Mening	Мнение
Metafoor	Метафора
Omschrijving	Описание
Poëtisch	Поэтика
Rijm	Рифма
Ritme	Ритм
Roman	Роман
Stijl	Стиль
Thema	Тема
Tragedie	Трагедия
Vergelijking	Сравнение
Verteller	Рассказчик

Meditatie
Медитация

Aandacht	Внимание
Aanvaarding	Принятие
Ademhaling	Дыхание
Beweging	Движение
Dankbaarheid	Благодарность
Emoties	Эмоции
Gedachten	Мысли
Geluk	Счастье
Helderheid	Ясность
Houding	Поза
Mededogen	Сострадание
Mentaal	Умственный
Muziek	Музыка
Natuur	Природа
Observatie	Наблюдение
Perspectief	Перспектива
Stilte	Тишина
Vrede	Мир
Vriendelijkheid	Доброта
Wakker	Бодрствующий

Meer Informatie
Научная Фантастика

Atoom	Атомный
Bioscoop	Кино
Boeken	Книги
Brand	Огонь
Denkbeeldig	Воображаемый
Dystopie	Антиутопия
Explosie	Взрыв
Extreem	Экстремальный
Illusie	Иллюзия
Klonen	Клоны
Mysterieus	Таинственный
Orakel	Оракул
Planeet	Планета
Realistisch	Реалистичный
Robots	Роботы
Scenario	Сценарий
Sterrenstelsel	Галактика
Technologie	Технология
Utopie	Утопия
Wereld	Мир

Menselijk Lichaam
Тело Человека

Been	Нога
Bloed	Кровь
Elleboog	Локоть
Enkel	Лодыжка
Hand	Рука
Hart	Сердце
Hersenen	Мозг
Hoofd	Голова
Huid	Кожа
Kaak	Челюсть
Kin	Подбородок
Knie	Колено
Maag	Желудок
Mond	Рот
Nek	Шея
Neus	Нос
Oor	Ухо
Schouder	Плечо
Tong	Язык
Vinger	Палец

Metingen
Измерения

Breedte	Ширина
Byte	Байт
Centimeter	Сантиметр
Decimaal	Десятичный
Diepte	Глубина
Gewicht	Вес
Gram	Грамм
Hoogte	Высота
Inch	Дюйм
Kilogram	Килограмм
Kilometer	Километр
Lengte	Длина
Liter	Литр
Massa	Масса
Meter	Метр
Minuut	Минута
Ons	Унция
Pint	Пинта
Ton	Тонна
Volume	Объем

Mode
Мода

Bescheiden	Скромный
Betaalbaar	Доступный
Borduurwerk	Вышивка
Comfortabel	Удобный
Duur	Дорогой
Eenvoudig	Простой
Elegant	Элегантный
Kant	Кружево
Kleding	Одежда
Knop	Кнопки
Minimalistisch	Минималист
Modern	Современный
Origineel	Оригинал
Patroon	Шаблон
Praktisch	Практический
Stijl	Стиль
Stof	Ткань
Textuur	Текстура
Trend	Тенденция
Winkel	Бутик

Muziek
Музыка

Album	Альбом
Ballade	Баллада
Eclectisch	Эклектичный
Harmonie	Гармония
Instrument	Инструмент
Klassiek	Классический
Koor	Хор
Lyrisch	Лирический
Melodie	Мелодия
Microfoon	Микрофон
Muzikaal	Музыкальный
Muzikant	Музыкант
Opera	Опера
Opname	Запись
Poëtisch	Поэтика
Ritme	Ритм
Ritmisch	Ритмичный
Tempo	Темп
Zanger	Певец
Zingen	Петь

Muziekinstrumenten
Музыкальные Инструменты

Banjo	Банджо
Cello	Виолончель
Fagot	Фагот
Fluit	Флейта
Gitaar	Гитара
Gong	Гонг
Harp	Арфа
Hobo	Гобой
Klarinet	Кларнет
Mandoline	Мандолина
Marimba	Маримба
Mondharmonica	Гармоника
Percussie	Перкуссия
Piano	Пианино
Saxofoon	Саксофон
Tamboerijn	Бубен
Trombone	Тромбон
Trommel	Барабан
Trompet	Труба
Viool	Скрипка

Mythologie
Мифология

Archetype	Архетип
Bliksem	Молния
Creatie	Создание
Cultuur	Культура
Donder	Гром
Doolhof	Лабиринт
Gedrag	Поведение
Held	Герой
Heldin	Героиня
Hemel	Небеса
Jaloezie	Ревность
Kracht	Сила
Krijger	Воин
Legende	Легенда
Monster	Монстр
Onsterfelijkheid	Бессмертие
Ramp	Катастрофа
Sterfelijk	Смертный
Wezen	Существо
Wraak	Месть

Natuur
Природа

Arctisch	Арктический
Bergen	Горы
Bijen	Пчелы
Bos	Лес
Dieren	Животные
Dynamisch	Динамический
Erosie	Эрозия
Gebladerte	Листва
Gletsjer	Ледник
Heiligdom	Святилище
Klippen	Скалы
Mist	Туман
Rivier	Река
Schoonheid	Красота
Schuilplaats	Укрытие
Sereen	Безмятежный
Tropisch	Тропический
Wild	Дикий
Woestijn	Пустыня
Wolken	Облака

Natuurkunde
Физика

Atoom	Атом
Chaos	Хаос
Chemisch	Химические
Deeltje	Частица
Dichtheid	Плотность
Elektron	Электрон
Experiment	Эксперимент
Formule	Формула
Frequentie	Частота
Gas	Газ
Magnetisme	Магнетизм
Massa	Масса
Mechanica	Механика
Molecuul	Молекула
Motor	Двигатель
Snelheid	Скорость
Uitbreiding	Расширение
Universeel	Универсальный
Versnelling	Ускорение
Zwaartekracht	Гравитация

Oceaan
Океан

Aal	Угорь
Algen	Водоросли
Boot	Лодка
Dolfijn	Дельфин
Garnaal	Креветка
Getijden	Приливы
Haai	Акула
Koraal	Коралл
Krab	Краб
Kwal	Медуза
Octopus	Осьминог
Oester	Устрица
Rif	Риф
Schildpad	Черепаха
Spons	Губка
Storm	Буря
Tonijn	Тунец
Vis	Рыба
Walvis	Кит
Zout	Соль

Opwarming van de Aarde
Глобальное Потепление

Aandacht	Внимание
Arctisch	Арктический
Crisis	Кризис
Energie	Энергия
Gas	Газ
Gegevens	Данные
Generaties	Поколения
Gevolgen	Последствия
Internationaal	Международный
Klimaat	Климат
Milieu	Экологический
Nu	Сейчас
Ontwikkeling	Развитие
Populaties	Популяции
Regering	Правительство
Temperaturen	Температуры
Toekomst	Будущее
Veranderingen	Изменения
Wetenschapper	Ученый

Overheid
Правительство

Burgerschap	Гражданство
Civiel	Гражданский
Democratie	Демократия
Discussie	Обсуждение
Gelijkheid	Равенство
Gerechtelijk	Судебный
Grondwet	Конституция
Leider	Лидер
Monument	Памятник
Natie	Нация
Nationaal	Национальный
Politiek	Политика
Rechten	Права
Rustig	Мирный
Staat	Государство
Symbool	Символ
Toespraak	Речь
Vrijheid	Свобода
Wet	Закон
Wijk	Район

Psychologie
Психология

Beoordeling	Оценка
Bewusteloos	Без Сознания
Cognitie	Познание
Conflict	Конфликт
Dromen	Мечты
Ego	Эго
Emoties	Эмоции
Ervaringen	Опыт
Gedachten	Мысли
Gedrag	Поведение
Gevoel	Сенсация
Herinneringen	Воспоминания
Invloed	Влияния
Jeugd	Детство
Klinisch	Клинический
Perceptie	Восприятие
Persoonlijkheid	Личность
Probleem	Проблема
Realiteit	Реальность
Therapie	Терапия

Restaurant #2
Ресторан #2

Cake	Торт
Diner	Обед
Drank	Напиток
Eieren	Яйца
Fruit	Фрукт
Groente	Овощи
Heerlijk	Вкусный
Ijs	Лед
Lepel	Ложка
Noedels	Лапша
Ober	Официант
Salade	Салат
Soep	Суп
Specerijen	Специи
Stoel	Стул
Vis	Рыба
Voorgerecht	Закуска
Vork	Вилка
Water	Вода
Zout	Соль

Rijden
Вождение

Auto	Автомобиль
Brandstof	Топливо
Garage	Гараж
Gas	Газ
Gevaar	Опасность
Kaart	Карта
Licentie	Лицензия
Motor	Мотор
Motorfiets	Мотоцикл
Ongeluk	Авария
Politie	Полиция
Remmen	Тормоза
Snelheid	Скорость
Straat	Улица
Tunnel	Туннель
Veiligheid	Безопасность
Verkeer	Движение
Voetganger	Пешеход
Vrachtauto	Грузовик
Weg	Дорога

Schaken
Шахматы

Diagonaal	Диагональ
Kampioen	Чемпион
Koning	Король
Koningin	Королева
Offer	Жертва
Passief	Пассивный
Punten	Точки
Reglement	Правила
Slim	Умный
Spel	Игра
Speler	Игрок
Strategie	Стратегия
Tegenstander	Оппонент
Tijd	Время
Toernooi	Турнир
Uitdagingen	Проблемы
Wedstrijd	Конкурс
Wit	Белый
Zwart	Черный

Schoonheid
Красота

Charme	Очарование
Cosmetica	Косметика
Diensten	Услуги
Elegant	Элегантный
Elegantie	Элегантность
Fotogeniek	Фотогеничный
Genade	Грация
Geur	Аромат
Glad	Гладкий
Huid	Кожа
Kleur	Цвет
Krullen	Кудри
Lippenstift	Помада
Oliën	Масла
Producten	Продукты
Schaar	Ножницы
Shampoo	Шампунь
Spiegel	Зеркало
Stilist	Стилист

Specerijen
Специи

Anijs	Анис
Bitter	Горький
Fenegriek	Пажитник
Gember	Имбирь
Kaneel	Корица
Kardemom	Кардамон
Kerrie	Карри
Knoflook	Чеснок
Komijn	Тмин
Koriander	Кориандр
Kruidnagel	Гвоздика
Paprika	Паприка
Peper	Перец
Saffraan	Шафран
Smaak	Вкус
Ui	Лук
Vanille	Ваниль
Venkel	Фенхель
Zoet	Сладкий
Zout	Соль

Sport
Виды Спорта

Atleet	Спортсмен
Basketbal	Баскетбол
Beweging	Движение
Fiets	Велосипед
Golf	Гольф
Gymnasium	Гимназия
Gymnastiek	Гимнастика
Hockey	Хоккей
Honkbal	Бейсбол
Kampioenschap	Чемпионат
Scheidsrechter	Судья
Spel	Игра
Speler	Игрок
Stadion	Стадион
Team	Команда
Tennis	Теннис
Trainer	Тренер
Winnaar	Победитель
Zwemmen	Плавать

Stad
Город

Apotheek	Аптека
Bakkerij	Пекарня
Bank	Банк
Bibliotheek	Библиотека
Bioscoop	Кино
Bloemist	Флорист
Dierentuin	Зоопарк
Galerij	Галерея
Hotel	Отель
Kliniek	Клиника
Luchthaven	Аэропорт
Markt	Рынок
Museum	Музей
Restaurant	Ресторан
School	Школа
Stadion	Стадион
Supermarkt	Супермаркет
Theater	Театр
Universiteit	Университет
Winkel	Магазин

Tijd
Время

Dag	День
Decennium	Десятилетие
Eeuw	Век
Gisteren	Вчера
Jaar	Год
Jaarlijks	Ежегодный
Kalender	Календарь
Klok	Часы
Maand	Месяц
Middag	Полдень
Minuut	Минута
Na	После
Nacht	Ночь
Nu	Сейчас
Ochtend	Утро
Toekomst	Будущее
Uur	Час
Vandaag	Сегодня
Vroeg	Рано
Week	Неделя

Tuin
Сад

Bank	Скамья
Bloem	Цветок
Bodem	Почва
Boom	Дерево
Garage	Гараж
Gazon	Лужайка
Gras	Трава
Hangmat	Гамак
Hark	Грабли
Hek	Забор
Onkruid	Сорняки
Schop	Лопата
Slang	Шланг
Struik	Куст
Terras	Терраса
Trampoline	Батут
Tuin	Сад
Veranda	Крыльцо
Vijver	Пруд

Tuinieren
Садоводство

Blad	Лист
Bloemen	Цветочный
Bloesem	Цветение
Bodem	Почва
Boeket	Букет
Boomgaard	Сад
Botanisch	Ботанический
Compost	Компост
Container	Контейнер
Eetbaar	Съедобный
Exotisch	Экзотический
Gebladerte	Листва
Klimaat	Климат
Seizoensgebonden	Сезонный
Slang	Шланг
Soort	Вид
Vocht	Влага
Vuil	Грязь
Water	Вода
Zaden	Семена

Universum
Вселенная

Asteroïde	Астероид
Astronomie	Астрономия
Astronoom	Астроном
Atmosfeer	Атмосфера
Baan	Орбита
Breedtegraad	Широта
Dierenriem	Зодиак
Duisternis	Темнота
Evenaar	Экватор
Halfrond	Полусфера
Hemel	Небо
Horizon	Горизонт
Kantelen	Наклон
Kosmisch	Космический
Lengtegraad	Долгота
Maan	Луна
Sterrenstelsel	Галактика
Telescoop	Телескоп
Zichtbaar	Видимый
Zonnewende	Солнцестояние

Vakantie #2
Отпуск #2

Buitenlander	Иностранец
Buitenlands	Иностранный
Eiland	Остров
Hotel	Отель
Kaart	Карта
Kamperen	Кемпинг
Luchthaven	Аэропорт
Paspoort	Паспорт
Reis	Путешествие
Reserveringen	Бронирование
Restaurant	Ресторан
Strand	Пляж
Taxi	Такси
Tent	Палатка
Trein	Поезд
Vakantie	Праздник
Vervoer	Транспорт
Visum	Виза
Vrije Tijd	Досуг
Zee	Море

Vissen
Рыбалка

Aas	Приманка
Apparatuur	Оборудование
Boot	Лодка
Draad	Провод
Geduld	Терпение
Gewicht	Вес
Haak	Крюк
Kaak	Челюсть
Kieuwen	Жабры
Kok	Повар
Mand	Корзина
Meer	Озеро
Oceaan	Океан
Overdrijving	Преувеличение
Rivier	Река
Seizoen	Сезон
Strand	Пляж
Vinnen	Плавники
Water	Вода

Vliegtuigen
Самолеты

Afdaling	Спуск
Atmosfeer	Атмосфера
Avontuur	Приключение
Ballon	Воздушный Шар
Bemanning	Экипаж
Bouw	Строительство
Brandstof	Топливо
Geschiedenis	История
Hemel	Небо
Hoogte	Высота
Lanceren	Запуск
Landen	Посадка
Lucht	Воздух
Motor	Двигатель
Ontwerp	Дизайн
Passagier	Пассажир
Piloot	Пилот
Propellers	Пропеллеры
Richting	Направление
Waterstof	Водород

Voeding
Питание

Bitter	Горький
Calorieën	Калории
Dieet	Диета
Eetbaar	Съедобный
Eetlust	Аппетит
Eiwitten	Белки
Fermentatie	Ферментация
Gewicht	Вес
Gezond	Здоровый
Gezondheid	Здоровье
Koolhydraten	Углеводы
Kwaliteit	Качество
Saus	Соус
Smaak	Вкус
Specerijen	Специи
Spijsvertering	Пищеварение
Toxine	Токсин
Vitamine	Витамин
Vloeistoffen	Жидкости
Voedingsstof	Нутриент

Voertuigen
Транспортные Средства

Auto	Автомобиль
Banden	Шины
Bestelwagen	Фургон
Boot	Лодка
Bus	Автобус
Caravan	Караван
Fiets	Велосипед
Helikopter	Вертолет
Metro	Метро
Motor	Мотор
Raket	Ракета
Scooter	Скутер
Shuttle	Челнок
Taxi	Такси
Tractor	Трактор
Trein	Поезд
Veerboot	Паром
Vliegtuig	Самолет
Vlot	Плот
Vrachtauto	Грузовик

Vogels
Птицы

Duif	Голубь
Eend	Утка
Ei	Яйцо
Flamingo	Фламинго
Gans	Гусь
Kip	Курица
Koekoek	Кукушка
Kraai	Ворона
Meeuw	Чайка
Mus	Воробей
Ooievaar	Аист
Papegaai	Попугай
Pauw	Павлин
Pelikaan	Пеликан
Pinguïn	Пингвин
Reiger	Цапля
Struisvogel	Страус
Toekan	Тукан
Uil	Сова
Zwaan	Лебедь

Vormen
Формы

Bol	Сфера
Boog	Дуга
Cilinder	Цилиндр
Cirkel	Круг
Curve	Изгиб
Driehoek	Треугольник
Hoek	Угол
Hyperbool	Гипербола
Kant	Сторона
Kegel	Конус
Kubus	Куб
Lijn	Линия
Ovaal	Овальный
Piramide	Пирамида
Prisma	Призма
Randen	Края
Rechthoek	Прямоугольник
Ronde	Круглый
Veelhoek	Полигон
Vierkant	Площадь

Wandelen
Пеший Туризм

Berg	Гора
Dieren	Животные
Gevaren	Опасности
Kaart	Карта
Kamperen	Кемпинг
Klif	Утес
Klimaat	Климат
Laarzen	Ботинки
Moe	Усталый
Natuur	Природа
Oriëntatie	Ориентация
Parken	Парки
Stenen	Камни
Top	Саммит
Voorbereiding	Подготовка
Water	Вода
Weer	Погода
Wild	Дикий
Zon	Солнце
Zwaar	Тяжелый

Water
Вода

Douche	Душ
Drinkbaar	Питьевой
Geiser	Гейзер
Golven	Волны
Ijs	Лед
Irrigatie	Орошение
Kanaal	Канал
Meer	Озеро
Moesson	Муссон
Oceaan	Океан
Orkaan	Ураган
Overstroming	Наводнение
Regen	Дождь
Rivier	Река
Sneeuw	Снег
Stoom	Пар
Verdamping	Испарение
Vocht	Влага
Vochtigheid	Влажность
Vorst	Мороз

Weersomstandigheden
Погода

Atmosfeer	Атмосфера
Bliksem	Молния
Donder	Гром
Droogte	Засуха
Hemel	Небо
Ijs	Лед
Klimaat	Климат
Mist	Туман
Moesson	Муссон
Orkaan	Ураган
Overstroming	Наводнение
Polair	Полярный
Regenboog	Радуга
Storm	Буря
Temperatuur	Температура
Tornado	Торнадо
Tropisch	Тропический
Vochtig	Влажный
Wind	Ветер
Wolk	Облако

Wetenschap
Наука

Atoom	Атом
Chemisch	Химические
Deeltjes	Частицы
Evolutie	Эволюция
Experiment	Эксперимент
Feit	Факт
Fossiel	Ископаемое
Gegevens	Данные
Hypothese	Гипотеза
Klimaat	Климат
Laboratorium	Лаборатория
Methode	Метод
Mineralen	Минералы
Moleculen	Молекулы
Natuur	Природа
Natuurkunde	Физика
Observatie	Наблюдение
Organisme	Организм
Wetenschapper	Ученый
Zwaartekracht	Гравитация

Wetenschappelijke Discip
Научные Дисциплины

Anatomie	Анатомия
Archeologie	Археология
Astronomie	Астрономия
Biochemie	Биохимия
Biologie	Биология
Chemie	Химия
Ecologie	Экология
Fysiologie	Физиология
Geologie	Геология
Immunologie	Иммунология
Mechanica	Механика
Meteorologie	Метеорология
Mineralogie	Минералогия
Neurologie	Неврология
Plantkunde	Ботаника
Psychologie	Психология
Robotica	Робототехника
Sociologie	Социология
Thermodynamica	Термодинамика
Voeding	Питание

Wiskunde
Математика

Bol	Сфера
Decimaal	Десятичный
Diameter	Диаметр
Divisie	Деление
Driehoek	Треугольник
Exponent	Экспонент
Fractie	Фракция
Geometrie	Геометрия
Hoeken	Углы
Loodrecht	Перпендикуляр
Omtrek	Периметр
Parallel	Параллель
Rechthoek	Прямоугольник
Rekenkundig	Арифметика
Som	Сумма
Symmetrie	Симметрия
Veelhoek	Полигон
Vergelijking	Уравнение
Vierkant	Площадь
Volume	Объем

Zakelijk
Бизнес

Bedrijf	Компания
Begroting	Бюджет
Belastingen	Налоги
Carrière	Карьера
Economie	Экономика
Fabriek	Завод
Financiën	Финансы
Geld	Деньги
Inkomen	Доход
Investering	Инвестиции
Kantoor	Офис
Korting	Скидка
Kosten	Стоимость
Transactie	Сделка
Valuta	Валюта
Verkoop	Продажа
Werkgever	Работодатель
Werknemer	Работник
Winkel	Магазин
Winst	Прибыль

Ziekte
Заболевание

Acuut	Острый
Ademhaling	Дыхательный
Allergieën	Аллергии
Bacterieel	Бактериальный
Besmettelijk	Заразный
Botten	Кости
Buik	Брюшной
Chronisch	Хронический
Genetisch	Генетический
Gezondheid	Здоровье
Hart	Сердце
Immuniteit	Иммунитет
Lenden-	Поясничный
Lichaam	Тело
Neuropathie	Невропатия
Ontsteking	Воспаление
Sinus	Синус
Syndroom	Синдром
Therapie	Терапия
Zwak	Слабый

Zoogdieren
Млекопитающие

Aap	Обезьяна
Bever	Бобр
Coyote	Койот
Dolfijn	Дельфин
Ezel	Осел
Geit	Коза
Giraf	Жираф
Gorilla	Горилла
Hond	Собака
Kameel	Верблюд
Kangoeroe	Кенгуру
Kat	Кошка
Konijn	Кролик
Leeuw	Лев
Olifant	Слон
Paard	Лошадь
Stier	Бык
Vos	Лиса
Walvis	Кит
Wolf	Волк

Gefeliciteerd

Je hebt het gehaald!

We hopen dat u net zoveel plezier beleeft aan dit boek als wij aan het maken ervan. We doen ons best om spellen van hoge kwaliteit te maken.
Deze puzzels zijn op een slimme manier ontworpen zodat je actief kunt leren terwijl je plezier hebt!

Vond je ze mooi?

Een Eenvoudig Verzoek

Onze boeken bestaan dankzij de recensies die zij publiceren.
Kunt u ons helpen door nu een mening achter te laten ?

Hier is een korte link die u naar uw
bestellingen beoordelingspagina.

BestBooksActivity.com/Recensie50

FINAAL UITDAGING!

Uitdaging nr. 1

Klaar voor uw bonusspel? We gebruiken ze de hele tijd, maar ze zijn niet zo gemakkelijk te vinden. Hier zijn **Synoniemen!**

Noteer 5 woorden die je ontdekt hebt in elk van de onderstaande puzzels (nr. 21, nr. 36, nr. 76) en probeer voor elk woord 2 synoniemen te vinden.

*Notitie 5 Woorden uit **Puzzle 21***

Woorden	Synoniem 1	Synoniem 2

*Notitie 5 Woorden uit **Puzzle 36***

Woorden	Synoniem 1	Synoniem 2

*Notitie 5 Woorden uit **Puzzle 76***

Woorden	Synoniem 1	Synoniem 2

Uitdaging nr. 2

Nu je opgewarmd bent, noteer 5 woorden die je ontdekt hebt in elke hieronder genoteerde puzzel (nr. 9, nr. 17, nr. 25) en probeer voor elk woord 2 antoniemen te vinden. Hoeveel regels kan je doen in 20 minuten?

Notitie 5 Woorden uit ***Puzzle 9***

Woorden	Antoniem 1	Antoniem 2

Notitie 5 Woorden uit ***Puzzle 17***

Woorden	Antoniem 1	Antoniem 2

Notitie 5 Woorden uit ***Puzzle 25***

Woorden	Antoniem 1	Antoniem 2

Uitdaging nr. 3

Prachtig, deze finaal uitdaging  is makkelijk voor jou!

Klaar voor de laatste? Kies je 10 favoriete woorden die je in een van de puzzels hebt ontdekt en noteer ze hieronder.

1.	6.
2.	7.
3.	8.
4.	9.
5.	10.

De uitdaging is nu om met deze woorden en binnen een maximum van zes zinnen een tekst te schrijven over een persoon, dier of plaats waar je van houdt!

Tip: U kunt de laatste blanco pagina van dit boek als kladblaadje gebruiken!

Je schrijven:

NOTITIEBOEKJE:

TOT SNEL!

Linguas Classics

www.ingramcontent.com/pod-product-compliance
Lightning Source LLC
Chambersburg PA
CBHW082100120626
46553CB00011B/3475
* 9 7 9 8 8 9 6 7 0 3 9 4 5 *